ༀ་སྭསྟི། འཕྲོ་འགྲོ་ཀུན་ལ་ཕན། 一步一如來

楚布寺
རྩ་མཚོ་པུ་དགོན་པ།

འབྲས་སྤུངས་དགོན་པ།
哲蚌寺

達隆寺
སྟག་ལུང་དགོན་པ།

乃瓊寺
གནས་ཆུང་དགོན་པ།

布達拉宮
རྩེ་པོ་ཏ་ལ་ཕོ་བྲང་།

龍王潭
ཀླུ་ཁང་།

關帝廟

功德林
ཀུན་བདེ་གླིང་།

唐東杰布廟
ཐང་སྟོང་རྒྱལ་པོ།

羅布林卡
ནོར་བུ་གླིང་ཁ།

魯普岩寺
བྲག་ལྷ་ཀླུ་ཕུག

千佛崖
སྐུ་འབུམ་ལྷ་ཁང་།

外轉經路
ཕྱི་འཁོར་ལམ།

謝珠林
བཤད་སྒྲུབ་གླིང་།

聶塘大佛
སྐུ་མཆེད་གསུམ།

度母寺
སྒྲོལ་མ་ལྷ་ཁང་།

策覺林
ཚེ་སྨོན་གླིང་།

ཁ་རག་ཁྱུང་བཙུན་། 格日尼院　ཕ་བོང་ཁ　帕崩喀寺　吉祥法林　扎耶巴

ར་མོ་ཆེ　小昭寺

ཤར་སྟོད་རྒྱུད　北三怙主

རྒྱུད་སྨད　下密院

ཆུ་བཟང་དགོན　曲桑尼院

སེ་ར　色拉寺

壽寺

ཚེ་མཆོག　策墨林

德扎倉

མེ་རུ་གསར　木如新寺

ཀུན་བདེ　扎基寺

北

西　東

南

ཁྲི་འདུ　ꡂ

རྟ་བུ་ལིང　達布林贊康

མེ་རུ་རྙིང　木如舊寺

大經輪
彌勒殿

ཀརྨ　噶瑪廈贊康

貢嘎曲德殿

大昭寺

財尊殿

西三怙主　ས་སྐྱ　薩迦寺

饒賽贊康

甘丹柱

ཨ་ནི་ཚང　蒼空尼院

ཕྱག་གླིང་དགའ་ལྡན　南三怙主

甘丹寺

དགའ་ལྡན　桑阿寺

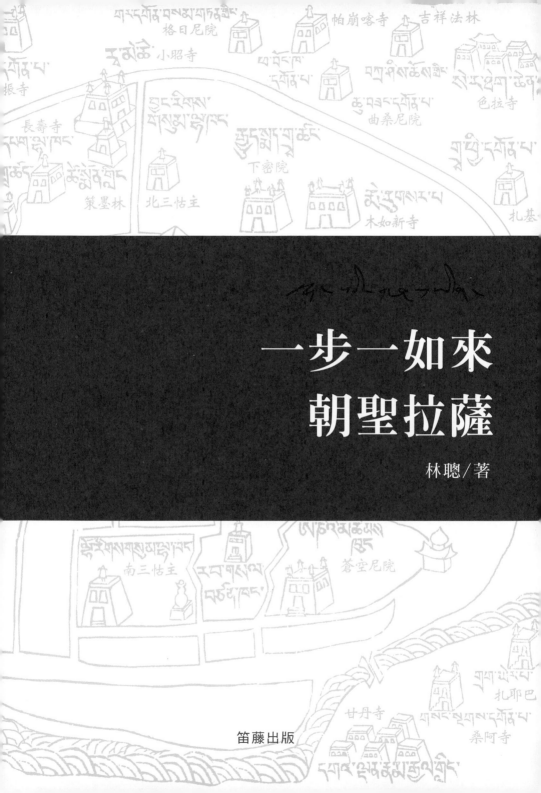

一步一如來
朝聖拉薩

林聰／著

笛藤出版

❧❧ 作者簡介 ❧❧

林聰

- 生於香港，經濟系本科畢業(澳洲)，工商管理碩士(英國)，營養學博士(美國)。
- 曾任億方互聯網中國區域總監、中國文聯網編辦副主任、中國文聯網站首席執行官、北京兆維集團（前738廠）戰略發展委員會主任委員；現任尚品集團董事。
- 1986年留學澳洲期間至今，任大藏寺法台祈竹仁波切之義務侍者、譯員及助手，協助創立慈善機構大藏寺基金會、國際佛教聯盟及其轄下世界各地十餘間分院。
- 1993年受委任為祈竹拉章理事，為歷史上首位漢人任西藏轉世者拉章（宗教領袖之內閣）成員者。
- 為重建西藏失修寺院及協調慈善事務，多次代表祈竹仁波切出入藏區，並創辦希望小學、藏醫義診所等。
- 其著作「西藏有緣」暢銷於兩岸三地，被部份院校納入輔助教材；並有「甚深微妙」等佛教譯著二十餘本。
- 監製電影紀錄片「一個預言之應驗」及「梵音海潮音」、「悲淚」、「天之音」、「藏傳佛教念誦集」等唱片。
- 曾為香港「星島日報」及「溫暖人間」雙週刊等撰寫專欄，並多次任電視台西藏主題紀錄片特約顧問。

序-讓心靈吸氧

拉薩，世上最缺氧的城市。

拉薩，卻是古往今來無數人心靈的氧氣吧。

　　第一次去拉薩，是十多年前。當時，很幸運，是陪曾經在拉薩住過多年的家師故地重遊。本來，一直以為朝聖就是旅遊，根本沒想過兩者間能有多大的區別。到了拉薩，大家都忙著研究吃飯、旅館的事，老師自己一個人不聲不響徒步去了大昭寺頂禮三次，然後才回來吃飯。老師後來說，到拉薩朝聖有這樣的傳統，擱下行李後頂多洗把臉，第一時間就得去大昭寺面聖。隨後的十多天，是一系列西藏朝聖文化的啓蒙教育。對於去哪裡、怎麼走、做什麼，千百年來的朝聖文化都有明確的傳統。千百年來，千千萬萬的朝聖者，都走過同樣的路、去同樣的地點、做著同樣的事、念誦著同樣的祈禱文……朝聖，不是旅遊，是修行。朝聖的關鍵，和肉體上的從A點移動到B點無關，是一種內在、心靈上的旅程。

　　那次以後的十多年來，有幸陪同好幾位在50年代前居住拉薩的老喇嘛故地重遊，陸陸續續去過了許多朝聖地點。老師年輕時喜歡聽典故，到處搜集。這麼多年來，老師敘述過無數和這些聖地相關的老典故、古傳說。這些零零碎碎的歷史典故，不但大部份漢人沒聽說過，有的可能連很多年輕一輩的藏人也不見得知道，甚至老人也不再記得。暫且不論這許多典故和傳說是否完全可靠，但它們曾經被一代一代地複述著，爺爺告訴兒子，兒子告訴孫子……這樣地歷代口耳相傳，已有上千年的歷史了。讓這些極富宗教及人文價值的老典故和傳說在歷史上湮沒，會是一件很可惜的事。

　　隨著青藏鐵路的開通，拉薩顯然已經不再遙遠。有關拉薩旅遊的書籍琳琅滿目，然而似乎仍然未見與朝聖拉薩主題相關的專書。除為了紀錄上述典故外，也希望本書同時能成為朝聖者的指南，俾令旅途順利，從而得到心靈上的啓迪。

　　衷心希望這本書，能陪伴您邁出第一步，踏上您的心靈之旅！

如何使用本書

1. 本書先後章節有一定的連貫性，讀者雖可把介紹某朝聖點的內容視為獨立導遊章節，但建議從「朝聖的歷史與文化」開始順序閱讀。另外，對西藏佛教與文化不熟悉的讀者，為避免理解上的困難，宜先行參考「西藏小百科」一章。

2. 書內在介紹各地點的順序時，不論是在舊城區朝拜八廓街各寺的徒步行走順序、朝拜某寺內各殿的先後，乃至進入殿內後的行走方向上，大致依照傳統順繞的次第排列。

3. 由於寺院名字本為藏文，同一寺院的藏名，在不同的漢譯文獻、歷史資料、導遊書籍、旅遊局路牌乃至寺院現在名牌中，常會出現漢文譯名不一致的情況（如丹吉林也寫作「丹傑林」、策墨林亦作「策門林」等例，不勝枚舉）。在相關章節中，本書提供同一寺名的各種常見異譯；在書末的附錄中，也提供了寺名的漢、藏文對照表，以供參考、使用。此外，由於拉薩各寺自1980年代開始不斷進行重修、恢復，書內對寺院的描述，可能因書成後的重修工程而與實際情況有輕微出入。

4. 在提及重要的相關歷史人物時，凡首次提及，都盡量提供人物生卒年份。此後，除在有特殊必要的情況下，不再重複。

5. 書內涉及具體金額的描述，如供燈款、塗金費用、門票價格等，均以人民幣標示，並在其後的括弧內說明了紀錄年份。

6. 最後必須說明，本書內容僅侷限於介紹拉薩及其周邊的主要朝聖地點（即：拉薩當天來回範圍內的寺院等）。位於西藏區內卻超出拉薩周邊範圍的主要朝聖地點有：

   · 桑耶寺—西藏第一座三寶俱全的寺院；
   · 扎什倫布寺—格魯派重要寺院之一；

- 薩迦寺─薩迦派祖庭；
- 直貢寺─直貢噶舉派祖庭；
- 敏珠林─寧瑪派重要寺院之一；
- 白居寺─著名的江孜「十萬佛塔」所在；
- 夏魯寺─夏魯派祖庭；

以上等等，皆為藏傳佛教重要朝聖點。有時間、興趣的朝聖者，
宜另行參考相關書籍。

名人推薦

向朝聖拉薩的漢地讀者推薦這本朝聖寶典！

——哲‧布尊丹巴法王

　　林聰者，關心聖教、眾生之利益，且具增上意樂，在此外物迅速發展之當今時代，於消除內心痛苦、成辦安樂之方便，如古今智德合一者般不懈努力之同時，著作此書講述作為俱胝賢善士夫之源的各大寺院及諸勝地。對此做法，謹獻上讚頌之花，希望能饒益聖教、眾生，並且深生隨喜。

——章嘉呼圖克圖

一本很全面的朝聖指南！

——東科呼圖克圖

　　此朝聖指南與別的指南不同之處，在於作者對寺院的瞭解甚深，對各種典故有生動的講述，乃朝聖者路上的良友！

——色拉寺方丈益西強巴

　　為林聰「一步一如來」讀者、朝聖者題詞：在獲得極其難得的人生時，要做利益自他的事！

——甘丹寺方丈桑傑堪布

　　以利益他人的好心，做利益他人的好事。祈願一切吉祥！

——哲蚌寺方丈香巴拉森

在許多層面上，我對藏傳佛教的認識和尊重，歸功於這些對自己的傳統及其成員構成了影響的朋友們。

能認識他們是我個人的榮幸。在此，我毫無保留地推介林博士的這本佳著給古老、聖潔的朝聖傳統之學生，並希望此書利益到閱讀並實踐它的內容之讀者們。

——高倫、道格拉斯神父

本書旨在展示西藏佛教聖地大觀，其中頗多鮮為人知之處，內容豐富，耐人尋味。誠願讀者在增進對藏傳佛教理解的同時，更能廣發禮敬佛陀與速成正覺的巨集願！

——聯波仁波切

為林聰「一步一如來」題詞：步步清塵！

——多識仁波切

願依此中坦途，周遊殊勝寶剎，成就福慧資糧！

——夏壩仁波切

林聰匯集入藏數十次的見聞經歷、二十多年來收集的拉薩老典故，寫成這本拉薩朝聖指南，為漢族朝聖者提供了極大的幫助。

——祈竹仁波切

閱讀此書，如同行走在心靈的聖地！

——「瑞麗伊人風尚」執行主編　安靜

目錄

PART1　朝聖的歷史與文化

PART2　如何朝聖

PART3　囊廓—內轉經路及大昭寺

目錄

目錄

目錄

目錄

PART1

朝聖的歷史與文化

▌代表基督教朝聖傳統的貝殼圖案

歷史上，在不同的國家、不同的地域和不同的信仰中，都不約而同有著朝聖的悠久傳承及朝聖文化。

朝聖的傳統定義，是遠離家庭、親友、財產等等一切外在牽絆，把個人安逸、世俗享樂、親友情誼、外表虛榮放棄，並非為了個人榮譽，也忘記出身貴賤、種族優劣、個人成就、社會地位，而朝著某個特定地點前進，並在最後「純潔無暇地歸回」。這是一種精神上的洗禮、心靈上的重生。

大部份宗教朝聖活動，都以某個或某幾個地理上的定點，如麥加之於伊斯蘭教、耶路撒冷之於基督教、聖城拉薩之於藏傳佛教等，將其作為朝聖者的路線、座標或終點。然而，在早期基督教中，卻有一派稱為「白殉道者」的朝聖者，他們離開家鄉而到處流浪、四處為家。這是一種宗教上的苦行，並無一個特定的、地理上的終站。朝聖者放棄所熟悉的家鄉，把生命完全託付予心目中的神明，前往遙遠的歐洲異教國度弘揚教義，最後在其視為適合的地方、時間中止旅途，定居下來。許多至今尚存的基督教大型修道院，便是由這批早期流浪朝聖者所創辦的。在藏傳佛教的某些修行法門中，亦有著終生流浪的朝聖傳統。

如果回顧人類歷史，會吃驚地發現在物質和科技不斷更新發展的同時，心靈層面的「朝聖」卻沿襲了古老而傳統的步伐。

在早期希伯來歷史上，成千上萬的朝聖者，曾經從不同國家和地區，朝著共同的方向，走向其心目中的聖城耶路撒冷瞻禮聖跡。

希臘和羅馬，同樣有豐富的朝聖歷史。早在公元前7世紀的希臘大陸，每四年一度，千千萬萬的朝

聖者湧向奧林匹克城的宙斯神殿朝觀。最初的奧運會，便與這四年一度的朝聖活動有不可切割的關係，甚至有不少歷史學家認為，最初的奧運會是由宗教朝聖活動而催化誕生的。

一年一度、無人組織的伊斯蘭朝聖活動，是世上最壯觀的國際性集會之一。幾百萬位來自不同種族、不同膚色、語言、文化、經濟狀況、教育背景的教徒，為了同一目的，穿著同一服飾，以同一動作進行同樣的祈禱。在伊斯蘭教裡，朝觀稱為「哈吉」（Haji），專指到麥加朝觀。「哈吉」是伊斯蘭教的五大功修之一，凡具備條件的信徒一生去麥加朝觀一次是「主命」。朝聖者穿上簡單的戒衣上路，千里迢迢前往受戒。在帳篷營地住一天一夜後，便開始正式朝拜活動。在活動的尾聲，朝聖者剃頭、剪指甲或剪去一點頭髮，脫下戒衣換上便服，再進行一次「辭朝」作為告別，朝觀方告圓滿。

印度教的朝聖歷史，也許是人類史上最悠久的了，其最初起源難於追溯。在每十二年一次的朝聖節（Kumbh Mela），數以百萬計教徒聚集在恆河進行沐浴，並作種種修行、聽經活動，為期一個多月。每屆朝聖節的具體舉辦地點都在恆河流域上，但每次並不相同，其決定方式與天文星象相關。每逢太陽和木星聚集獅子宮，朝聖節在納希克（Nashik）舉行；逢兩者都在天蠍宮的年份，信徒便於烏賈因（Ujjain）聚集；若太陽在白羊宮而木星在獅子宮，朝聖節則在哈德瓦（Hardwar）舉行；逢木星在金牛宮、太陽在摩羯宮的組合，主辦地點為阿拉哈巴德（Allahabad）。每一百四十四年，是大朝聖節（Maha Kumbh Mela）。最近一次的大朝聖節是2001年，參與人數高達六千萬，成為人類歷史上大型聚會的最高紀錄。

在基督教內，也有極為豐富的朝聖文化和悠久的朝聖歷史。從基督教創立的早期開始，教徒便有前往耶路撒冷、沿著耶穌當年受難時走過的「苦路」（Via Dolorosa）朝拜

的修行傳統。在後期發展出的「苦路十四站」，可說是基督教的獨特朝聖文化。每年復活節期間，在世界上幾乎每一座天主教堂中，無法親往耶路撒冷的信徒，則齊集本地教堂中一起繞行。他們先後在十四幅畫像下停頓默想，紀念耶穌背負十字架走往刑場所經的十四個地點，作為一種象徵式的朝聖旅程。

對西方歷史、文化傳播有極深遠影響的十字軍組織，最初正是為沿途保護朝聖者的目的而創辦。隨著後期的東征，及因應朝聖者的需要，十字軍組織又創立了錢莊、借貸服務，更發明了獨特的密碼系統，以保障金錢的傳遞安全性。我們可以說，現代的銀行體系直接源自於中世紀的基督教朝聖活動。

早期的基督教朝聖者，有約定俗成的服飾：身穿棕黑色長袍，頭戴寬帽，手執木杖，肩掛錢包和水瓶。在他們身上，佩戴著一種特殊的粗糙金屬佩章，約為五公分，而且一般都會出現扇貝圖案。這種朝聖佩章有很悠久的歷史，最早者起碼能追溯至12世紀。它們是朝聖者的護身物、紀念品，其中一些特製版也作為圓滿完成朝聖的證明。扇貝圖案一向與歐洲朝聖傳統相關。它之所以被用作朝聖的象徵，是因為其放射狀的圖案紋絡匯合於貝殼底部，象徵各地朝聖者分別從星散於各處的家鄉出發，最終會師於同一地點。時至今日，扇貝象徵仍廣泛見於朝聖文化中。在西班牙的基督教聖地，綿延上千公里的路徑，有著各種各樣的扇貝象徵，路牌上、路邊牆壁上、路中間的地面上、公路上，遍地都是，為朝聖者提供指引。聖地的長期居民、店舖甚至政府辦事處等，也喜歡在面對朝聖路的花園、房牆掛上扇貝飾物，向遠道

▋ 基督教朝聖傳統中香客隨身佩戴的貝殼標誌

▌ 基督教朝聖傳統中朝聖路線上的貝殼標誌

而來的朝聖者致敬。

　　而在佛教中，最原始的朝聖地點是紀念本師釋迦牟尼的四大聖地，即**藍毗尼**（Lumbini）、**菩提伽耶**（Bodhgaya）、**鹿野苑**（Sarnath）及**拘尸羅什**（Kushinagar）。

■**藍毗尼**　藍毗尼位於尼泊爾西部，乃悉達多太子出生地。「佛國記」和「大唐西域記」中記述，晉代的法顯法師（337-422）和唐代的玄奘法師（602-664），分別曾於405年和633年到此瞻禮，法顯法師更是最早來此訪問並留有真實紀錄的第一個外國人。在歷史的戰亂歲月中，藍毗尼曾數度被人們遺忘，但卻憑著古印度阿育王（公元前304-232）所立石柱及中國之「佛國記」、「大唐西域記」等線索，被一再重新發掘出來。在這裡，現在尚存標誌佛陀精確出生地點的石頭，上面有一個小腳印，相傳為佛陀出生時在石上踏出。

▌ 印度四聖地
▌ 藍毗尼

▌菩提伽耶

■菩提伽耶　菩提伽耶在印度中部現今的比哈爾省。這是釋迦牟尼的成道處，故被佛教視為世上最神聖的地點。城內著名的大覺塔為印度阿育王所建。大覺塔是一座下方上尖的佛塔，高五十公尺，頂部為圓柱狀，上立一銅製螺旋圓頂。塔中供有形態各異的佛像，包括主殿所供奉的一座釋迦牟尼二十五歲等身像，這尊佛像被普遍視為世上比例最完美的佛像。此尊等身像，與拉薩大昭寺的十二歲像、小昭寺八歲像，乃世上僅存的三尊依照釋迦牟尼成道前不同年齡身相製造，並由釋迦牟尼親自主持開光的佛像。

　　大覺塔旁的菩提樹，及樹下的石座所在，便是佛陀當年示現悟道之確切地點，被稱為「金剛座」。近代曾在此發現五方北宋前期的漢文碑刻，現存加爾各答博物館。塔的周邊範圍，還有村女善生供奉乳粥遺址（此即漢地食臘八粥習俗的典故來源）、釋迦牟尼留影窟遺址、佛教史上最重要佛教大學那蘭陀寺（唐玄奘法師亦曾在此處進修）、靈鷲山（佛陀當年開示「心經」、「妙法蓮華經」之處）等。

■鹿野苑　鹿野苑是佛陀最初說法處。佛陀示現悟道後，便到了此地，向五位弟子開示了四聖諦教法。在佛教中，這個歷史性的時刻被稱為「初轉法輪」。從這裡開始，佛陀走遍了印度，說法四十五年，講經三百餘會，度化弟子無數。在兩千多年來，這些教義傳遍全球，教徒超過五億之數。

■拘尸羅什　拘尸羅什是佛陀圓寂

釋迦牟尼二十五歲等身像

處，位於印度與尼泊爾邊界。在兩千多年前、世壽八十時，釋迦牟尼來到此處，在河裡洗了澡，枕著右手側身臥著，以頭朝北、腳朝南的姿勢示現圓寂之相。

以上四個地點，是釋迦牟尼在「大涅槃經」等開示中親自指定的朝聖地點，故此成為各宗派共同的原始朝聖處。早在佛陀入滅年代後不久，佛教已經產生朝聖活動。在每年陰曆四月佛誕日，印度各地的佛陀親傳弟子，會前往菩提伽耶金剛座舉行紀念儀式。隨著佛法的傳播，來自亞洲各國的信徒，也熱衷於朝拜印度聖地進香。不幸地，約於14世紀前後，印度本地發生了政治變化，佛教幾乎被滅絕，朝聖活動被逼中斷多個世紀之久，這些聖地也隨之「失蹤」。遲至19世紀末，英國考古學會的學者去到印度，考

據「佛國記」和「大唐西域記」等印度以外的佛教文獻，方重新把這些聖地挖掘出土。從重新出土到現在這一百多年來，世界各地佛教徒前往四聖地朝香的活動在逐漸恢復。在2002年，菩提伽耶大覺塔更入選聯合國世界文化遺產名錄。

除印度佛教聖地以外，佛教各宗派在兩百多年來，也陸續發展出地域性的聖地及獨特朝聖傳統。在漢傳佛教中，就曾經存在著很深厚的朝香文化。古代的僧尼，有遍行天下、遊歷各地寺院、參訪各地名山長老求學的雲遊傳統。憑著漢地獨有、全國通行的出家戒牒，雲遊僧可到任何佛教甚至道教寺廟免費暫住，故出現清順治帝所著之「天下叢林飯似山，缽盂到處任君餐」的形容。凡是受過具足戒的比丘，都可以憑著戒牒、以行腳僧的

中國的四大佛教聖地

身份投靠陌生寺廟。這種借宿暫住稱為「**掛單**」，有其獨特文化、規矩及儀式：雲遊僧先至客堂掛單，人往東邊凳子坐，衣單放在西單門口外，等候茶房或侍者來問候。知客師來問候時，雲遊僧說：「頂禮知客師父」，知客師答：「問訊」，雲遊僧即問訊。知客師坐下，雲遊僧才隨之坐下。此時，知客師會問話：「從何來？上下何名？來為何事？」雲遊僧若準備求宿短期數日，在自報名字及祖寺後即言：「打擾常住掛單」知客師檢閱戒牒後，由侍者領至雲水堂。知客師會在此請掛

單者先禮佛三拜，然後頂禮寮元師父。此後，寮元師喊：「送知客師回寮」，此刻要跟前至門檻目送知客師，直至不見身影才轉頭，再聽寮元師父的吩咐，交代注意事項及寺院日程。凡是出家受戒者，在學戒時都必須學習這套通行於任何佛教寺院甚至道觀的掛單借宿禮儀。

漢傳佛教的在家信徒，向有前往**山西五台山、浙江普陀山、四川峨眉山、安徽九華山**進香的風氣。這四處聖地，合稱「四大名山」，分別是文殊、觀音、普賢、地藏大士的聖山。信眾在進行朝香時，身穿稱為

■ 蓋上了所朝聖寺院印章的香袋

「海青」的戒衣，肩負用來裝載香枝、隨身雜物的「香袋」，以步行甚至一步一拜的方式上山朝禮。在朝拜寺院時，寺方會在香客的香袋上蓋章，以茲紀念、證明。在台灣的民間佛、道信仰中，更有租用旅遊巴士，穿上統一的朝聖專服，帶著其原屬寺廟的佛像、神像集體往各地進香的奇特習俗。

比對漢傳佛教，日本佛教的朝聖文化可說有過之而無不及。前面提過，漢地進香者有在香袋上蓋上所至寺院印章的習俗。在日本，這種傳統更為具體。在漢地，除普陀山某幾座大寺、五台山菩薩頂外，只有少數幾座寺院能提供傳統的蓋章服務。在其他寺院中，大多並無古印，也沒有為香客蓋章紀念的習慣。在

絕大部份日本寺院，只要付出象徵式的小額供養，寺僧便會蓋上寺院古印，並用毛筆寫上參拜日期、寺院名稱。這種紀念性的紀錄稱為「御朱印」，有的簡樸，也有的極為花俏，是信徒喜愛蒐集的進香紀念。由於日本寺院拒絕蓋章在白紙或香袋上，要收集御朱印，必須自備一種進香專用的御朱印收集本。這種收集本稱為「朱印帳」，上下是兩塊以精美織錦包裱的硬卡，中間連接著折疊成屏風狀的白紙。朱印帳分為多種，有的很豪華，有的風格樸素，在任何日本文具店裡都可買得。在一些大寺裡，也出售由寺院特別設計製作、繡上寺院名稱及代表性圖案的朱印帳；各寺設計不同，極為精美，讓人愛不釋手。

▋ 朱印帳

　　此外，在日本有稱為「四國八十八靈場」和「三十三觀音靈場」的主題參
拜路線。朝聖八十八靈場，是指一口氣步行朝禮空海大師（774-835）曾經
朝拜的八十八座寺院。進行這種活動的信徒，有專用的傳統草帽、白袍、簑
衣、手套、布鞋、護足等，並手執刻上「同行二人」字體、象徵與空海大師共
同上路的手杖，沿著當年空海大師行走路線逐座寺院朝禮。朝拜三十三觀音
靈場，則為一口氣走遍三十三座以觀音為主尊的古寺參拜，亦有其獨特之
裝束及隨身法器。由於手杖上掛著小鈴，香客走在路上鈴聲不斷，所以這種

▋ 御朱印

朝聖也被稱為「鈴香紀行」。 這類主題朝聖路線有其專用的朱印帳，有些版本甚至還印上路線上每座寺院的簡介，更有畫軸形式的主題朱印帳，讓香客在參拜圓滿、齊集蓋章後裱起供奉。在日本的佛教專門店，甚至在網上，都有朝拜八十八靈場或三十三觀音的專用裝束套裝及朱印帳售賣，其朝聖傳統之發達由此可見一斑。

在佛教眾多宗派中，藏傳佛教朝聖風氣之興盛可說無人能出其右。在藏族文化裡，一個人如果決定往拉薩朝聖，一旦話說出口了，上至藏王、下至父母和兒女，不論心裡認同與否，都無權阻止。

除了印度的聖地外，藏族佛教徒的主要朝聖目標是拉薩、聖湖、崗底斯山及漢地五台山等。千百年來，許多西藏人變賣全部財產上路，經年累月，一步一拜，以身體覆蓋全程，向著其目標進發。藏人一般皆樂於佈施貧窮的香客，而靠討飯為生，一路拜到去拉薩的香客也是大有人在。

在古代，遠途朝聖並不安全，然而這並沒能阻攔千百年來藏族香客的決心。古代的藏族香客之間，還有一種不成文的默契：如果有香客死在路上，別的陌生朝聖者經過時，會取死者的牙齒順便帶上，視為當然責任。在最後到達時，牙齒會被塞進大昭寺某根柱頭上，代表把陌生的同路者帶到了等身像前、完成了死者的願望。

作為一種遍及了所有種族、所有宗教和所有地域的文化及傳統，人類朝聖的源頭已難追溯。第一批的朝聖者是誰？怎樣的念頭驅使他們開始朝聖？歷史上已無可考。然而有一些是可以確定的：他們做了一個減法，放下（哪怕是暫時的放下）金錢、權柄、愛慾等一切常人渴慕的東西，將有著無數世俗身份重疊和捆縛的自己，還原到最原初和本真的「個人」；又做了一個加法，在朝聖起初便制定出某些獨特的朝聖裝束、隨身器具、行為規範等，它們類似於一個濃縮的銘記，讓自己在這些表義中能不忘初心。第一代朝聖者們就這樣踏上了漫漫的追尋之旅 —— 他們追尋過往聖

哲的痕跡，亦在這些追尋中令自己的足跡與聖哲們的足跡重疊。在最初的尋求心靈昇華和重生的過程中，有些朝聖者最終自己也成為了聖哲，他們所行止的地方也成了聖跡。接下來，有了第二代朝聖者、第三代朝聖者……朝聖傳統逐漸約定俗成，一代代地沿襲至今，成為豐富而具備深邃含義的文化。

聖地是一個處所，但又不僅僅是處所；朝聖是身體上的挪移，但又不僅僅是挪移。倘若對朝聖文化有所瞭解，行走在聖跡履遍之處，在回溯中便能穿越幾千年的時光，聽到古代朝聖者低聲的吟哦和祈禱，貼合著他們曾觸摸過的大地或台柱的餘溫，感受著永恆的真理如閃光的箭鏃般貫穿自己的心。此時，聖地才完全成其為聖地，朝聖者也才完全成其為朝聖者。

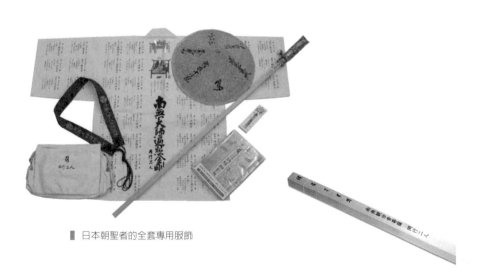

■ 日本朝聖者的全套專用服飾

■ 刻有「同行二人」的日本朝聖專用手杖

聖地是一個處所，但又不僅僅是處所；
朝聖是身體上的挪移，但又不僅僅是挪移。
倘若對朝聖文化有所瞭解，行走在聖跡履遍之處，
在回溯中便能穿越幾千年的時光，
聽到古代朝聖者低聲的吟哦和祈禱，
貼合著他們曾觸摸過的大地或臺柱的餘溫，
感受著永恆的真理如閃光的箭鏃般貫穿自己的心。
此時，聖地才完全成其為聖地，
朝聖者也才完全成其為朝聖者。

PART2

如何朝聖

真正意義上的朝聖，不單是肉體上的行程，更是心靈修行成長的歷程。傳統的西藏朝聖者，以一步一拜的方式，經年累月從家鄉拜到拉薩大昭寺等身佛像前。對於這些千百年來千千萬萬的朝聖者，拉薩只不過是一個終點，所謂的「朝聖」並非面見大昭寺等身像的那刹那，而是從踏出家門那一步開始的修行歷程。作為現代香客，也許只能坐火車、飛機進行朝聖，然而，朝聖者必須培養同樣的心態。從宗教朝聖的角度來說，如果缺乏這種心態，沿途說說笑笑，以獵奇的心態到拉薩各寺院裡看看佛像、拍幾張照片，再在佛前磕幾個頭、點幾盞燈，這也許會是一趟愉快的旅遊活動，但絕對不能算是朝聖，也不能讓心靈有所得著。

　　這裡提供幾種朝聖時可以做的修行、功德活動簡介。朝聖者可依自己能力、因緣而選擇進行。

祈禱

　　在寺院佛像、佛塔前，朝聖者應虔誠合掌，為求自他一切眾生離苦得樂而祈禱。

　　各宗派的祈禱文有很多長短不一的不同版本，可按自己派別、喜好選擇。為方便讀者，此處列出格魯派大藏寺法台祈竹仁波切所編之朝聖祈禱文。

禮佛

　　在西藏，常常見到信眾作虔誠

聞其名號則立善習氣　親見聖身則除魔障礙
如法依止則賜諸利樂　頂禮一切聖怙上師衆
誰曾立誓若人做祈請　必賜諸如此般之成就
恆常眷顧憐憫衆生者　頂禮一切十方之如來
親自僅以念誦做修持　即能救度難忍之病魔
恆常念誦一切所求事　即能成辦頂禮正等法
自身安住佛陀教法中　悲心驅使令置苦惱衆
輪迴衆生到達安樂者　頂禮彼等尊貴僧伽衆
慈心勤行一切所主事　以無礙力摧滅敵魔障
顯示思增懷誅等神變　頂禮空行護法海會衆
殺生等等身所造惡業　慈菩等等語所造惡業
瞋心等等意所造惡業　一切惡罪盡皆懺悔之
為令愛眷歡喜而造惡　為令隨歡喜害而造惡
為己苦樂緣故所做之　所做一切惡罪皆懺悔
應供福田上師未供養　應作承侍父母未承侍
應當慈悲下屬未慈悲　種種一切惡罪皆懺悔
自作為與他人所鼓動　亦或隨喜他人造惡業
此時以及往後受惡因　一切惡罪盡皆懺悔之
大悲之主上師與三寶　力勢圓滿奉行與護法
願請清淨我一切墮罪　令我所想如意成辦之

朝聖祈禱文

的五體投地敬禮。五體投地是印度的一種敬禮方式，在佛教未出現前早已為婆羅門教採用，而在佛教中，亦繼承了這種表達敬意的方式。佛教各宗派中，都以大同小異的禮拜方式向佛敬禮而懺悔業障、減少傲慢。

在藏傳佛教中，對禮拜的動作要求頗為嚴謹：首先把雙掌合什於胸前，合什時姆指放於掌中，然後把合什的雙手置於頭頂，再置自己眉心之間，接著下來以合什的雙手觸口部或喉嚨，再以合掌觸胸前；在拜下時，分為五體投地禮拜或大禮拜兩種；在五體投地時，雙膝著地，雙掌分開貼於地面，以額頭同時觸地；若作大禮拜，則把上身向前伸延，雙臂向前伸出，全身貼著地面，以表徹底的皈敬禮拜。不論作何種禮拜，一著地即馬上以手掌著力支撐而重新起立，不應稍臥休

息；如是重複三次為一個單元。除了以上兩種禮拜方式外，以恭敬心合什低頭，也是一種禮拜方式。

禮拜的動作細節，各有其表徵：十隻指頭表義十種圓滿具足；雙掌合什代表悲智並具；雙手置頭、眉心、口部和胸前，表義積集善因以成就佛陀之身、語、意，亦表義懺淨自己身、語、意罪業。在拜下時，全身貼地表徹底皈敬；著地即起代表迅速由輪迴解脫。

寺院人潮擁擠、佛像極多，朝聖者不可能對每尊佛逐一作大禮拜，但應起碼以恭敬心合什低頭以作敬禮。在釋迦牟尼等身像等寺院主尊前，則可盡量作五體投地敬禮或大禮拜。此外，如果健康允許，可於大昭寺前重複作大禮拜（寺門前不論日夜均有來自各地、為數過百的信眾在作禮拜），甚至以一步一拜之方式繞拜八廓街。

一步一拜環繞大昭寺的外來香客

繞拜拉薩城的藏族老媽媽

✿ 繞拜

　　繞拜也叫作「轉經」,是源自古印度的一種敬禮方式。

　　在藏傳佛教中,以虔誠恭敬的心進行繞拜,是極為流行的修行方式。拉薩的八廓街,正是由繞拜路線所發展而成的,其名字就是「中圈」的意思。此外,拉薩老城區還有稱為「內圈」、「外圈」、「頂圈」、「 上圈」、「下圈」等等許多信眾進行繞拜的慣行路線,還有一年一度繞拜色拉寺後山的盛大活動。

　　在西藏寺院中,若行走方向錯誤,會被視為不尊重,甚至招致其他香客不滿。正確的繞拜方法是右繞,即順時針方向虔誠繞行,同時專心低聲念誦所知祈禱文、皈依文,或大明六字真言等。如果擔心記錯,可觀察藏族香客行走方向,或記住身體右側貼近禮敬對象即可。

　　清晨的拉薩外圈,眾多手執轉經輪、口誦觀音真言的藏族老媽媽,一行前後數百人,卻聽不到有人閒話家常,有的只是幾百人口中一句一句的低喃咒音,氣氛肅穆莊嚴。到拉薩朝聖,除了必到的內繞拜路、中繞拜路以外,可在清晨六、七點找到這個外圈的必經之點(最輕易找到的加入地點為藥王山千佛崖、功德林巷口等),加入繞行整個老城。這既是很有利益的修行,也是體驗原汁原味藏族文化的最佳機會。

■ 拉薩的轉經路徑

內圈

內轉經路稱為「囊廓」，即大昭寺內部天井。

中圈

中轉經路稱為「八廓」，即沿八廓街繞圈而行。

外圈

外轉經路稱為「林廓」；從布達拉宮背後龍王潭算起，經林廓北路、林廓東路、江蘇路，轉至藥王山背的千佛崖，再經德吉中路、北京中路、林廓北路西段，回到林廓北路的龍王潭。

頂圈

頂轉經路稱為「孜廓」，即沿布達拉宮山腳繞圈而行。

▌寺院大殿多有預先數好成疊的零鈔供找換

供養零錢

西藏的寺院大多沒有設功德箱。如果喜歡供佛，可直接把現金放在佛像前，這錢最後會被用在香油、寺院用途上。漢地寺院一般只供奉幾尊主要佛像，藏地寺院往往卻是一座寺院裡有很多尊佛像，譬如大昭寺就有過百尊（這還沒算壁畫、唐卡上的佛圖在內）。如果把本書介紹寺院內的所有立體佛像都供一遍，少說也有幾千尊。所以，對大部份的人來說，如果希望每尊前都供養，就必須備好足夠的零錢。幸好，由於拉薩有濃厚的朝聖文化，換零錢很方便（據說，全國百分之八十毛票都在拉薩）。大寺院的主殿裡，一般有一個角落能提供換零錢服務。有時候，僧人會預先把一毛一毛的紙幣疊成十元、百元一疊的，朝拜者去求換即可。如果沒有現成數好成疊的零錢，僧人也很願意兌換。在實在沒人值班的時候，藏族信眾甚至會自己擱下一元或十元，自己數等額零錢兌換。只要舉止大大方方，別動作鬼祟，一般也沒人會懷疑、干涉。

備好零鈔後，朝拜者可以在每個配殿，甚至每尊佛像前，恭敬地供養一張一毛或一元等（視乎個人負擔能力和願望）。如果佛像前沒有玻璃，一般會直接放佛像膝蓋上或腳下；有玻璃櫃的就擱前面或從常見的玻璃上的小洞、縫隙塞進去。不必擔心供養的錢被偷走，藏區哪怕最窮的人大概也不至於會去動佛前的供養。有時候，藏族朝拜者用光一毛的零錢時，索性在佛前曼達盤等地方放下一元，自己數曼達裡的九毛拿回，算是供養了一毛。這種行為在西藏朝聖文化中，被視為完全正常、合理，關鍵還是確保舉止大方，不引人懷疑在偷錢即可。

▌香客可自行在殿內自助找還零鈔

在八廓街附近，常會看到從青海等遠方一步一拜而來的香客，和本地一步一拜環繞大昭寺甚至環繞拉薩城的人。在朝聖文化中，大家對這類香客比較尊敬，走路也會主動繞道而行，而且有對這類香客佈施點小錢的傳統。這或許是出於對其毅力的尊敬，也或許是出於補貼一下路上開支的想法。如果遇上一步一拜的外地香客，朝拜者可以走前給張零鈔，不必說什麼，對方一般會不熱情也不冷淡地默默接受，然後繼續其一步一拜的修行活動。

拉薩一些大寺院附近，尤其是大昭寺、色拉寺範圍，各地來的乞丐特別多，有的是從家鄉老遠討著飯來朝聖的，也有朝聖中錢用光了的，當然也不排除有專業乞丐的可能性。傳統上，朝聖者也會照顧這些寺前的窮人，算是自己佈施的個人修行善業，不會太計較研究對方是不是專業討飯的假窮人。不過必須注意，在大寺院附近，只要一出手，往往會引來沒完沒了的人群，所以必須確保自己有足夠而且等值

的零鈔進行佈施，否則會被纏繞很久。在北京、上海等城市，如果佈施五毛，很可能還會被罵。在拉薩，哪怕只是一毛錢，乞丐也會很感激。也許很多人認為乞丐不自力更生，所以不值得幫助。然而個人認為，在朝聖的路上，朝拜者管好自己的善心即可，對方可能是真需要幫忙，也可能是遊手好閒專業討飯的，在這點上我們無從知道，但我們假設對方可能確實需要幫忙，我們盡點哪怕很微薄的力量就是了。如果很抗拒給錢佈施，也可以帶點糖果派發小孩。順帶一說，如果零錢不夠，拉薩的乞丐也提供換錢服務，譬如給一元要求對方還九毛等等。

🏵 供養寺院

如果希望供養寺院整體，可在主殿角落值班僧人處辦理，或到寺院的廚房（西藏寺院的廚房，往往同時也是接待施主、辦理供養的地點）辦理。知客僧會要求施主的名字，以便上殿念誦時回向功德。此

時可提供自己和親友名字，但必須分開在世的和已故親友，並清楚說明。如果在廚房進行，不論供養金額大小，知客僧多會按傳統對施主奉上酥油茶，此時出於尊重，施主宜多少喝一點或索性索求白開水。

藏人對施主宗教上的供養很謹慎，一般會馬上記錄名字、金額等以供翌日回向和作為賬目紀錄，但除大昭寺、色拉寺等大寺外，大部份寺院沒有現成印好的收據（也沒有此傳統）。如果實在很需要，可自己在白紙上寫清楚漢字，或要求寺方寫上漢字或藏文，再蓋上公章。

在供養交接完成後，知客僧會代表全體僧團贈送哈達，此時躬身接受即可。

這裡所說乃指對寺院的整體供養。供養金可能被用作僧人食堂支出、寺院重建工程等等，視乎寺院具體需要。如果付錢是別的用意，譬如希望專門用作供養僧人等，則必須清楚分別說明。

供僧

僧團（含尼師）乃三寶之一，是積集功德的對象。供僧的利益很大：「增一阿含經」云：「能施眾僧者，獲福不可預計」；漢地的禪門宗匠虛雲老和尚亦云：「佛、法二寶賴僧寶扶持；若無僧寶，佛、法二寶無人流布，善根無處培植，因此齋僧功德最大。」各寺院的經濟情況不同，有的很窮，也有生活不愁的，然而這不是供僧的關鍵，因為供僧並不是一種從上而下的佈施，而是以尊敬僧寶的心態所作之供養。

供僧有兩種方式：一是委託寺方代辦，二是自己親手發放。如果沒有空餘時間，可在自己希望進行供僧的寺院，到廚房說明用意，並問清寺院僧人數目，以此數目的倍數交予負責人，說明發給每僧的金額即可。和供寺一樣，寺方會要求施主的名字，以便上殿念誦時回向功德。此時可提供自己和親友名字，但必須分開在世的和已故親友，說明清楚。如果時間富裕，也可以詢

問寺院上殿的時間，預先約好到時前來進行供僧。親手供僧的通常方式是：施主先向知客僧報到，然後會被領往殿中等待；到了念誦進行到某階段時，知客僧會領施主對佛壇頂禮三次，然後開始領著施主在殿中每位僧人前供養。在供養時，應俯身雙手恭敬地把供養輕輕放在僧人膝蓋上或座位上，不必把錢塞在僧人手上或等待僧人伸手接，也不可直立著把錢扔下，派發供養期間也不宜和僧人交談對話。傳統上，僧人應供不作道謝，所以應供僧人有的不加理會，或者頂多只會隨俗而輕微點頭示意。如果所備零錢不夠，可把兩人的供養金輕輕放在兩位僧人座位之間，譬如在發每僧五元的時候，可把一張十元放兩僧人之間，對方便自然會明白。在某些寺院傳統中，有對方丈、長老等發雙份的習慣。在派到這些長輩的座位時，知客僧便會說明：「這裡放兩份！」，施主聽指示進行即可。在傳統上，供僧時會供養寺院全體每一位僧人，無所遺漏。有時候，知客僧會指示施主在空座墊上供養，這是因為該座位屬於恰巧請假、生病、閉關或在值班燒茶、守門的僧人之原因。如果供養時沒被指示供養空墊，在最後應自行詢問缺席的長住僧人數目，而委託知客僧代供（最後，別忘記供養正在帶領的知客僧本人）。在最後，知客僧會代表全體僧團贈送哈達，此時躬身接受即可。

從功德的角度來說，四位具戒出家人就構成僧寶的代表，不論供哪座寺院的出家人，都有一樣的供僧利益；從見識的角度說，在一座大寺院的大殿上對幾百位僧人逐一供養，確實也是體驗藏傳佛教文化的好機會；然而，八廓街巷子深處有許多遊客罕至、幾位出家人自己發心重建的小廟堂，還有色拉寺後山幾座尼院和山上閉關隱居的修行人，生活確實艱苦，朝拜者亦可考慮前往供養。

拉薩歷來就是個宗教氣氛濃厚的城市。不論是對每位出家人發一元或一百，寺方都會一視同仁。發心

供僧的朝拜者,大可不必擔心因金額太小而被寺院看輕。

獻供哈達

在大昭寺廣場、八廓街、小昭寺門口,都有許多販賣哈達的商販,價格相差無幾。最便宜的哈達幾毛錢也有,純絲高級版則可高達幾十元。如果有供養哈達的習慣,朝聖拉薩各大寺院一圈,哪怕只是供養每寺院的主尊,也需要用上好幾十條。

哈達一般是每四條一包,並不切斷。如果臨時買好入寺供養,會出現很狼狽的情況。如果需要大量哈達,最理想的方法是在朝拜大昭、小昭寺前,在寺外找商販談好價格、放下小量訂金,並要求代為剪斷和捲妥。在從寺院出來時,正好順道取走已經剪好、捲妥的哈達,不必等待或自己動手。此外,大部份寺院也銷售哈達。這些哈達是別的香客供養的,在供養後哈達歸寺院所擁有,寺方收集起來循環銷售,所得作為寺院經費。從傳統和佛教角度說,購買這些循環銷售的哈達並無任何不如法的地方,功德毫無分別,而且又能間接供養寺院,價格一般也相對便宜。

在每天朝聖中,會用到多條哈達。如果把全部哈達折疊放進包裡,使用時會很不方便。所以,在出發前,宜預先把哈達捲妥、繫好成為一卷一

▌ 折疊哈達的方法

卷結實的狀態，需要的時候取出解開即可獻供。獻供哈達的方式，是雙手呈上而橫列佛像膝蓋或前方供桌上。在某些地方，佛像前會有橫掛的繩子，此時把哈達直接豎著掛繩子上亦可。在朝拜幾層樓高度的大佛像時，須把哈達前半段捲起成球狀，在祈禱後恭敬地從下往上用力扔出，使之掛於佛像手上或落在膝蓋、腳上即可（若失準而落於座旁亦無妨），切勿刻意朝佛臉拋擲。

供養哈達是西藏的習俗，並不限於宗教用途（見「西藏小百科」）。在供寺、供僧或與藏族友人來往時，對方一般也會贈予哈達，此時躬身低頭，讓對方把哈達掛在脖子上即可。

供燈

佛經中說：供燈能有多種功德，肉眼不壞、生大智慧、得大福報、命終不墮惡趣、速證涅槃。

大部份寺院都有供燈的設施，朝拜者可以供養一、三、七甚至一百、一千盞燈。每座寺院供燈價格不同，在2011年每燈成本為五至七毛之間。

如果供養的燈數不多，一般可以在供燈房付款後馬上親自燃點。若逢重要節日，供養千燈或須預約，在翌日回頭親自燃點或委託燈房人員代為燃點（代供不另外收費）。

在親自點燈的時候，應虔誠祈禱自己和一切眾生的智慧增長。

以下是供燈文：

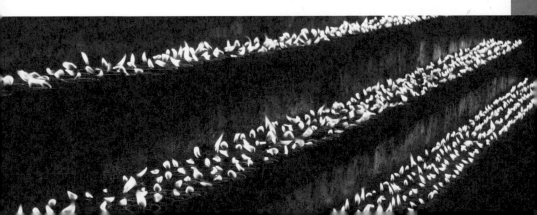

> 我以虔誠所設之明燈
> 供養一切佛法僧三寶
> 以此功德來世智如炬
> 滅除眾生垢暗盡無餘

在佛陀年代，舍衛國有一個女乞丐。有一天，城裡的大王、大臣及貴族等興大供養，她便也想對佛陀作供，但苦於無錢，所以便只好以行乞所得之一錢買油，供了一盞最小的燈。她在作供時很虔誠地發願，祈禱於未來能具大智慧，以滅除眾生的愚昧。這盞小小的油燈，便與許多由國王及富人等所供的大油燈放在一起了。在供燈翌晨，佛陀的大弟子目犍連巡更經過，發現全部大燈都早已油盡燈枯了，這小燈卻光明依然，猶如新供的一樣。目犍連便想：「天都亮了，燈還亮著幹甚麼呢？」，於是便以手煽燈，燈卻不滅，祂改以衣袍煽燈，燈火還是不滅。在目犍連不明所以之際，佛陀剛好走過，佛向目犍連說：「此燈是一個具大心力的人所供的，儘管你用四大海洋的水來灌，或以巨風來吹，也不可能把它滅掉！」由此可知，如果以欲利益一切眾生之心上供，即使供的只是很小的東西，也能積無量功德。以上提供的供燈文，正出自當時女乞丐的祈禱內容。

❀ 添燈油

除了點燈以外，朝拜者亦可購買酥油而直接傾倒於寺院的油燈裡，所費無幾。

購買酥油供養有兩種方式：一

▌ 添燈油

建議供燈的重要地點有：
- 大昭寺
- 小昭寺
- 魯普巖寺
- 藥王山千佛崖
- 功德林（祈壽）
- 長壽寺（祈壽）

是買袋裝、呈固體狀的酥油，用勺取少許酥油倒入油燈；另一種方式是在大寺院門前（大昭寺、小昭寺、三大寺都有），找到售賣已融化、裝熱水瓶裡的酥油之商販，在油燈前從瓶子直接倒少許入燈即可。瓶裝酥油的價格，只包括酥油，並未包括容器，離寺時必須主動交還熱水瓶給同一商販，否則會鬧得不愉快。

在加添燈油時，可念誦上述的四句供燈祈禱文而虔誠發願。

金汁祈禱紙條

拉薩寺院有一種代寫金汁祈禱文紙條的服務，主要在重要寺院的主尊前提供。紙條為紅色長條，寺僧用木刻版把吉祥的祈禱內容以金

供香客添燈油用的袋裝酥油顆粒

供香客添燈油用的瓶裝液態酥油

粉印在紙條上，然後在祈禱內容文字的空位上以真金汁寫上朝拜者所提供的人名，或者不用木刻版而全部金汁手寫。朝拜者把寫好的祈禱紙條交給寺院主尊前的值班僧人，僧人便會在佛像前朗聲念讀祈禱內容，然後把紙條在金燈上焚化（在值班僧人不在或忙碌時，把紙條放在主尊前的盤裡，僧人回來、有空時便會進行，不必擔心）。

各寺院的此項服務收費不等，但均十分便宜，大概在一元到三元之間，也有不設定價、隨意供養的。某些寺院習慣一個人名一張紙條，有些別的寺院卻可以幾個人名在同條上而按紙條數目收費，也有幾個人名在同條上而按名字收費的。

為活人祈禱和為亡者祈禱內容不同，必須說明所提供的名字是在生者或已故者（為避免溝通失誤導致錯寫，不宜說「在世」、「已故」

等；直接說「某某，活的」、「某某，死了」即可）。金汁祈禱紙條大多只能寫藏文（並非宗教原因，而只因為僧人不懂寫漢字），所以必須發音清晰，讓抄寫的僧人聽清後再以藏文拼音寫上。

建議寫金汁祈禱紙條的重要地點有：

- 大昭寺釋迦牟尼等身像前
- 小昭寺釋迦牟尼等身像前
- 色拉寺傑院馬頭明王像前
- 色拉寺大殿千手觀音像前
- 甘丹寺宗喀巴大師靈塔前
- 哲蚌寺見者解脫彌勒像前
- 魯普巖寺石窟自現佛像前
- 長壽寺無量壽像前（祈壽）

▌許多寺院提供書寫金汁祈禱紙條服務

▌ 塗金的專用金子

❀ 佛像塗金

　　為佛塗金有很大的功德。對西藏人來說，能到拉薩面見等身像，已是一生中之大事；如能為大昭寺等身像塗金，更被視為一輩子中的重大成就。因此，拉薩大昭寺和其他不少寺院，都允許信眾為佛像塗金。這是一種宗教傳統，不是寺院盈利活動（金子自備，和寺院無關）。

　　佛像塗金所用的金子是經過特別處理的，呈顆狀，泡熱水中會自己化開成為金汁。據說在拉薩有兩個地方可以買得這種專用金子，但大昭寺、小昭寺一般會預先購備小量方便信眾購買。

　　如發心為佛像塗金，必須自備合格的專用金子，最簡單、保險的辦法是索性就在大昭寺、小昭寺購買。金子是按重量收錢的。負責售賣的僧人會當場秤重，即時交收。必須注意的是，售金僧人並不負責塗金，所以不見得能馬上進行塗金。

　　大昭寺、小昭寺以外的其他寺院，通常並無購備金子，朝拜者必須自行帶備，否則無法進行。為布達拉宮觀音塗金，則不必自備，只須付款。

　　在備好金子後，必須另外預約塗金師。所謂的「塗金師」，實際上就是寺裡被指定專門負責此項工作的某位僧人而已，並非指一種專業。除大昭、小昭寺、布達拉宮以外，其他寺院一般可馬上進行。在大昭寺、小昭寺，尤其在朝聖的旺季，塗等身像全身多須預約翌日進行；如單塗臉部則有可能即時進行。

　　塗金師首先會檢驗金子是否合格，然後戴上口罩、穿上圍裙，在碗中調和金汁，然後爬上佛像旁邊開始進行。朝拜者會被指示站在旁邊某角落進行祈禱。

　　在完成後，朝聖者應依傳統向塗金師道謝，並給予一點供養（約定俗成的規矩似乎為佛像全身塗金後供養塗金師一、兩百元；如單塗臉部，隨意即可）。餘下的金汁，所有權歸朝拜者本人，此時有權以自備的瓶子裝走。這種

建議塗金的重要聖像有：

- 大昭寺釋迦牟尼等身像 (如塗全身，需要較多金子；可單塗臉部)
- 大昭寺天成五尊觀音像 (一般只塗臉部，只需少量金子)
- 大昭寺曾顯靈度母壁畫 (只需少量金子)
- 大昭寺曾顯靈文殊壁畫 (只需少量金子)
- 大昭寺放光藥師如來壁畫 (只需少量金子)
- 小昭寺釋迦牟尼等身像 (如塗全身，需要較多金子；可單塗臉部)
- 布達拉宮聖觀音三尊像 (似乎只允許塗臉，只需付約四百元)
- 色拉寺傑院馬頭明王像 (一般只塗臉部，只需少量金子)
- 色拉寺大殿千手觀音像 (一般只塗臉部，只需少量金子)
- 色拉寺昧院二樓釋迦像 (一般只塗臉部，只需少量金子)
- 甘丹寺靈塔殿宗喀巴像 (一般只塗臉部，只需少量金子)
- 哲蚌寺見者解脫彌勒像 (佛像極大，單塗臉部已需較大量金子)
- 度母寺阿底峽度母像 (只需少量金子)
- 度母寺阿底峽隨身塔 (只需少量金子)
- 度母寺阿底峽自身像 (一般只塗臉部，只需少量金子)
- 度母寺喊疼彌勒像 (一般只塗臉部，只需少量金子)
- 熱振寺主尊文殊金剛像 (只需少量金子)

剩下的金汁，尤其是為兩尊等身像塗金剩餘下來的，可被象徵式地塗在自己家裡的佛像、唐卡上。

在某幾座寺院中，如大昭寺、小昭寺、度母寺等，寺僧會於施主塗金後贈以少許佛像舊衣的碎布片及佛前的青稞，朝拜者可供在家裡佛壇上，或佩戴身上作為護身符。

如要塗大昭寺等身像全身，金額確實比較可觀，大部份人可能難以負擔。但如果單塗臉部，需要的金子在2011年約為五百元。如果塗的是度母寺的度母像、熱振寺文殊金剛像等全身，也不過是幾百元的事而已，並非想像中那麼遙不可及。

❧ 其他供養

在有些寺院裡，尤其是護法殿裡，有時會看到很多女孩把髮夾掛在殿裡留下，大概是取結緣、祈求長期保佑之意。也會有人在考試前，在佛前供養一根筆，祈求學習、考試順利。如果喜歡，在看到很多筆、髮夾的地方，朝聖者也可仿傚著如此供養。

❧ 朝聖須知

為保證朝聖行程順利，不虛此行，以下提供一些額外的資訊。

 佛像塗金

▋ 進入寺院必須脫帽，
傳統香客習慣把帽子掛在殿外

出行前之閱讀

　　拉薩不同別的城市。到拉薩旅遊或朝聖，如果對其歷史、文化、宗教沒有一定的認識，單單是被導遊牽著一座一座看起來差不多的陌生寺院、一尊又一尊長得都一個樣的佛像地走馬看花，恐怕並無助益。在前往朝聖前，如果對藏傳佛教和西藏文化並不熟悉，宜先閱讀一些入門書籍，才能得到比較高效率的收穫。

　　建議書目：

入門知識類：「西藏有緣」（笛藤）（這是拙著之一，推薦起來有點臉紅）
　　　　　　「幸福的雪域宅男：我的西藏原味生活」（原人）

輕度人文類：「拉薩老城區八廓游」（索窮；內地出版）

深度人文類：「拉薩掌故」（廖東凡；內地出版）

此外，本書中「西藏小百科」一章亦提供了一些相關的基礎知識。

寺院禮儀

1. 朝拜不宜衣著暴露，進殿必須脫帽。有些殿堂必須脫鞋進入，宜在進門時觀察、詢問清楚；

2. 態度和身體姿勢恭敬；

3. 殿內低聲說話、手機宜調為靜音模式，切勿喧嘩、吸煙、隨地吐痰或棄扔垃圾；

4. 在寺院範圍內應順時針方向，隨藏族信眾路線行走，不應奔跑、逆行；

5· 切勿逆轉經輪；

6· 不可隨意躺、坐，尤其大殿中一排一排的僧座。若受邀請，應把僧座
上之紅色布片揭開（這是出家人專用的座布，稱為「敷具」），勿坐於
其上，同時注意勿居上座。在寺院外，如須坐地休息，亦不宜雙腳伸
直，尤其不可腳指殿堂（大昭寺正門前常見遊客面向寺院席地而坐，
雙腳伸直指向寺院，此乃嚴重不尊重佛教、藏族之不禮貌行為）；

7· 勿敲打、觸摸佛像及法器等；

8· 切勿攀爬法座或隨意觸摸座上法器；

9· 在寺院內，不應對佛教、藏文化嘲諷、妄加評論；

10· 若須向佛像示意，應五指合攏、掌心向上以示尊重，不可以手指指點。

攝影

從傳統禮貌和戒律的角度說，佛經並不禁止拍攝佛像，而拍照和恭敬與
否似乎也沒有必然關係（國外的許多天主教堂、基督教堂、清真寺都允許遊
客拍照，似乎也從來沒聽過這不恭敬）。西藏的寺院千百年來歡迎供燈、歡
迎頭抵手觸以求加持，如果卻提出所謂的文物保護、閃光燈加速壁畫老化等
論點，似乎也難說合理。可是，大部份拉薩知名寺院的殿裡都禁止攝影，或者
必須收費（小寺在攝影者態度恭敬的前提下，一般允許殿內拍攝），確實有
點耐人尋味。不過無論如何，心靈上的修行和攝影，恐怕很難兩者兼顧。如
果是為了朝聖目的而去，宜全心全意進行祈禱、修持。

哪怕不拍攝殿內，有關攝影限制的告示卻很值得留意。或許是因為寺
僧漢文程度有限的關係，各寺告示牌內容往往不合語法或十分口語化，譬如

■ 有關攝影限制的告示

「攝影者馬上沒收相機後果嚴重」、「這裡交十元就可以隨便拍照」、「此殿免費熱烈歡迎隨意攝影和朝佛」等（以上全為原文照錄），饒有趣味。

此外，若對人物進行拍攝，宜先徵求同意，以免產生不必要之摩擦。若與僧人合照，尤其與異性出家人合照時，萬勿勾肩搭背、過度熱情。

門票

與漢地佛教傳統一樣，古代西藏寺院並無門票制度。然而，由於各種原因，遊客較多的拉薩寺院，現多對非藏族來賓售賣門票（僧人、藏族免費）。在部份售票寺院，佛教徒出示皈依證可享免票待遇。在某些售票寺院，則採取肉眼判斷的方式，售票員對手拿哈達、滿臉虔誠的非藏族香客放行，而對胸掛相機的遊客嚴格收費。如幾天內重複進入同一寺院，出示舊門票並表示朝聖者身份，有時也獲免費放行。

2010年寺院門票價格如下（本書包括而此處未列出之寺院不收門票）

大昭寺，80元	甘丹寺，40元
小昭寺，20元	熱振寺，30元
布達拉宮，100元	楚布寺，40元
魯普巖寺，20元	藥王山千佛崖，7元（朝佛一般免收）
蒼空尼院，30元	羅布林卡，60元
色拉寺，55元	功德林，10元（朝佛一般免收）
哲蚌寺，55元	度母寺，20元（朝佛一般免收）
乃瓊寺，25元	扎耶巴洞窟群，20元（淡季無人售票）

外國人入藏函

除普通中國簽證外，持外國護照者和台灣居民赴拉薩必須另外申請入藏函。申請辦法可自行參考網上資訊。

3

PART3

囊廓-內轉經路及大昭寺

內轉經路稱為「囊廓」，即大昭寺內部天井。

大昭寺門向西，面向尼泊爾

Jokhang
Monastery
大昭寺

　　大昭寺是拉薩老城區的核心，位於八廓街中央，與布達拉宮遙遙相對。從老城區任何地點，都可以直接步行前往大昭寺。

　　對於藏人和藏傳佛教徒來說，大昭寺可說是世界的中心、世上最神聖的地點。古語有說：「先有大昭，後有八廓」；在最初，確實是先有了大昭寺，隨著朝拜者的聚集，自然出現的繞拜、買賣活動，逐漸形成了繁華的市集——八廓街，最後更發展出整個拉薩老城區。

　　可以說，拉薩是西藏的心臟，而大昭寺就是拉薩的心臟，甚至連「拉薩」此市名，本即來自大昭寺原名「惹薩曲朗祖拉

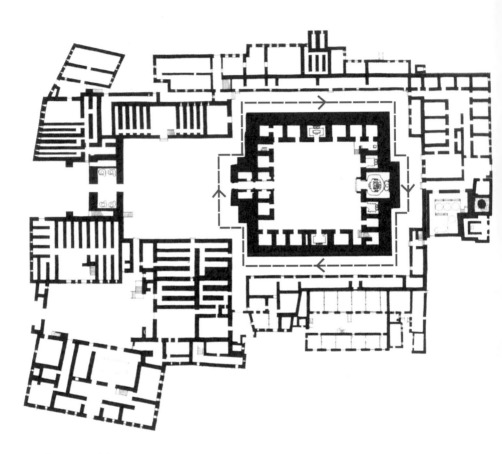

▌ 內轉經路（大昭寺）

康」中的「惹薩」之變音。它是拉薩最重要的朝聖聖地，也是中外遊客必到的觀光點、最富參觀價值的拉薩古建築。在2000年，它被聯合國文教組織列入世界文化遺產名錄。

大昭寺是藏王松贊干布（605-650；見「西藏小百科」）在公元647年為其五妃所建的五寺之一（大昭寺乃為尼泊爾妃而建；其他四地為小昭寺、帕崩喀寺、魯普巖寺及扎耶巴）。在當時，尼泊爾赤尊公主從本國帶來了釋迦牟尼的八歲等身像，而漢妃文成公主（625-680）則帶來了釋迦牟尼的十二歲等身像。為了擇地建立適合的寺廟供奉等身像，文成公主觀察風水，看出了拉薩地理的利弊。在一方面，拉薩山形如天然八吉祥標誌，地如八瓣之蓮；可是在另一方面，西藏的山勢看似仰臥魔女，其心臟位置乃後來的拉薩中心，附近更有惡龍的宮殿。為了克服地理風水上的不祥，文成公主建議在魔女心臟所在點建大昭寺安置八歲等身像，又於龍宮所在建小昭寺供奉十二歲等身像，並於對應魔女肢節部位的各地點建昌珠寺等十二座寺院，以作鎮壓。在當時，大昭寺所在地是沼澤地質。松贊干布與尼妃來到此地時，松贊干布對尼妃說：「指環落地之處，當為寺院奠基之處！」，然後把指環拋上空中，怎知指環卻掉

▌羅剎女地形圖

小昭寺　大昭寺

布達拉宮

在湖裡了。本著君無戲言的原則，松贊干布遂決定填湖建寺。經文成公主卜算，填湖工程必須有一千山羊馱土（按：此決定似為基於漢地五行生剋的學說理論）。此後，當時設計為同等規模的大昭寺、小昭寺，便於同日啟建、同日竣工，最後也於同一天舉行開光儀式，兩者都由松贊干布和異國公主所建，分別供奉著釋迦牟尼的八歲和十二歲等身像。這兩座雙胞胎寺院的座向不同於大部份藏地寺院。大昭寺門向西方，乃為面向尼泊爾而設計；文成公主的小昭寺向東，則是為了朝著長安。

▌大昭寺座向

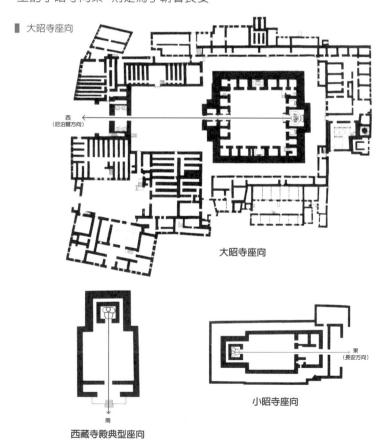

西
（尼泊爾方向）

大昭寺座向

南

西藏寺殿典型座向

東
（長安方向）

小昭寺座向

■ 寺門左邊外牆小石碑

在寺院建成之初期，本名是「惹薩曲朗祖拉康」，即「羊土幻變佛殿」之意，其名含對當時馱土的山羊感恩之意義。到了後來，或許是因為年代久遠自然發展出的變音，也或許是刻意的更名，「惹薩」變成了「拉薩」（「天尊之地」），此名後更成為整個市區之名。另者，由於寺內供奉被尊稱為「覺沃」（即「佛尊」）的釋迦牟尼等身像，大家也把它成為「覺康」，即「佛尊的房子」。「大昭寺」和「小昭寺」，從來只是漢人對這兩座寺院的叫法，而不是藏人的稱呼。據說，這是因為漢人習慣稱呼為「大覺沃」、「小覺沃」，大家叫著叫著就變音而成為現在的「大昭」和「小昭」了。

大昭寺在建成以後，發生過幾件重要的歷史事件。在寺院建成後不久的663年，傳來消息說唐武則天欲派兵把文成公主帶來的小昭寺十二歲等身像索回，西藏君臣便把佛像移至大昭寺秘藏南牆內，又把尼妃帶來的八歲等身像請至小昭寺代替。金城公主進藏後，把十二歲等身像尋出，安奉於中央配殿。從此，兩尊佛像便對調了位置，尼泊爾公主帶來的佛像被供在文成公主的小昭寺中，文成公主帶來的等身像卻供在尼泊爾公主的大昭寺（另一些文獻的記載略異）。此後，寺院經歷了兩次重大的破壞，一直到十一世紀才被修復。到了1409年，宗喀巴大師（1357-1419；見「西藏小百科」）把此處定為一年一度的廣願大法會舉辦地點（即每年藏曆新年舉行

■ 稱為「覺沃塔欽」的大柱，乃紀念迎請等身佛所立，也是拉薩年輕藏人舉行成年禮的地點

公主柳殘留樹根

的「莫朗節」，亦稱「傳召法會」），並增建迴廊、天井等。在1642年前後，第五世達賴喇嘛（1617-1682）又再進行了大型擴建。在上世紀60年代，寺院又經歷了文化大革命，現已陸續被修復。

　　來到大昭寺，寺院門口附近有許多售賣酥油、哈達等朝聖供品的小販攤，朝聖者可在此處購買所需。此外，寺院門口處的周圍，有許多值得留意的地方。正門的右邊，亦即面對寺門時的左邊外牆上，有一個形如窗戶的小石碑，上有一個一個的小洞。在這裡，常常能看到藏人在數步以外立正，舉起右手伸出手指，閉著眼睛朝石碑走近。據民間傳說，如果手指能插進碑上小洞，代表來年順利，但也有說是代表此人孝順的意思；漢族朝聖者到此不妨一試（此舉往往會引來藏

族路人圍觀，或藏族老者的熱情指點竅訣，未嘗不是有趣的旅遊經歷）。在寺院門口附近，有一根稱為「覺沃塔欽」的大柱，乃紀念迎請等身佛所立，也是拉薩年輕藏人舉行成年禮的地點。寺院正門的前方，能看到一個小建築物，內為燈房，欲付錢供燈的香客可於此處辦理。此建築物的圍欄內，是文成公主當年從家鄉帶來種下的唐柳，故也稱「公主柳」。據說在數十年前，此樹仍然茂盛，但現已枯萎，而且並不開放參觀，只能透過圍欄觀看到其殘留的樹根。前面說過，大昭寺的正門向西而面對尼泊爾。在它的前門，從凌晨五、六點到天黑以後，長期有許多藏族信眾在進行著頂禮、祈禱等修行。

　　由於它的歷史和重要性，大昭寺的典故極多，以下將順序列出大

在大昭寺門外頂禮的信眾

正面右側房間為辦理書寫金汁祈禱紙條的地方

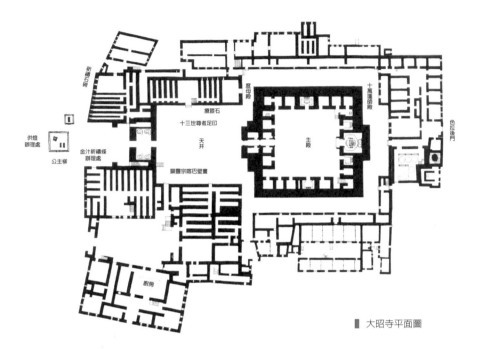

■ 大昭寺平面圖

部份，讀者可按書尋找而朝禮。在寺院售票處，亦有掛靠寺院的專職大昭寺講解員，導遊費約為每次五十元（2010），其中的蒙族講解員娜仁格日樂熱衷於搜集寺院老典故，對此相當熟悉。

　　朝聖者進入寺院，一般有兩個入口。正門一般在早上開放，直達寺內天井小廣場。在早上，主要是朝聖時段，帶備了皈依證的漢族朝聖者可跟著藏族香客隊伍徐徐前進，免費進入。如果沒有皈依證，或時間不充裕者，可直接進入，在天井的一張小桌子購買門票。在面對正門前小廣場時的右邊有一個小房間，這是代寫金汁祈禱紙條的地方，但下午常常無人值班。如在下午的旅遊時段朝拜，訪客則需從正門左邊的南側門（面對寺院時自己的右邊）進入，到門票處購票。南側門門後的廣場一角是寺院廚房，亦為辦理供養寺院、

■ 曾經顯靈說話的宗喀巴壁畫

供僧、請求誦經法事的地點。

不論從正門或南門進入，都會到達寺中央的天井小廣場。穿過廣場，才是主殿建築。廣場的地面石板，是宗喀巴大師在15世紀擴建時所鋪設的。此廣場是1960年代以前每年三大寺高等格西學位考試的會場，學問僧中的「狀元」便在這裡產生。在天井往上看，能看到二樓的一個金頂屋簷的窗口，窗後為歷代達賴喇嘛於每屆廣願大法會期間暫住之處。有時候，達賴喇嘛便在這個窗後，觀看廣場上的高僧辯論，並作評核。在廣場的四周牆上，是以賢劫千佛為主的壁畫。廣場的右牆壁畫上，有一尊小的宗喀巴大師像。此尊畫像顏色比較鮮艷，前方多有來自信眾的哈達、零錢供養，不難找到。據說歷史上曾有一位很有權勢、崇信格魯派的蒙古王爺，他曾經大事供養大昭寺。一次，他到大昭寺朝聖，走到此處時，由於一直沒看到宗喀巴大師像，他大發脾氣說：「怎麼一尊我的祖師的像都沒有？」此時，牆上的這尊大師畫像竟然顯靈說：「我在這裡！」從此，許多老香客在經過此像時，會特別恭敬彎腰或略作供養。廣場左邊有一根柱子，柱身嵌有一顆石彈。相傳，這是兩位出名武僧互相競技投石時，石頭竟然嵌入柱身所致。殿門前的另外一根柱子，則和廣願大法會有關。每年的廣願大法會，數萬僧人聚集在大昭寺，需要大量茶葉、酥油等。在供應不足的時候，負責管理法會風紀的鐵棒喇

■ 達賴喇嘛寢宮

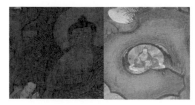

▌ 小如青稞的蓮花生大師像

嘛，便會手持代表其無上權威的鐵棒，用力敲
打此柱。據老一輩的和尚說，敲打此柱後，過沒
多久便會有施主帶著法會所需來供養，百試百
驗，甚為神奇。在臨進殿門時的左側地面，分別
有一個隱約的腳印和一塊被磨得光滑的石頭；
前者為十三世達賴喇嘛（1876-1933）在石上神
奇地留下的鞋印，後者傳說能治膝蓋疼痛、風
濕等病，藏族香客喜以膝部摩擦以求病癒。

▌ 十三世達賴喇嘛在石上
神奇地留下的鞋印

　　在殿門左右附近的壁畫上，有好幾尊稱為
「小如青稞的蓮花生大師像」，十分微小，並不
容易找到。殿門前有一個木架，香客可把帽子
脫下放在上面，待出來時取回。

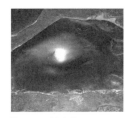

▌ 能治膝蓋疼痛的石頭

▌ 嵌有石彈的柱子

▌ 傳說能招來施主的柱子

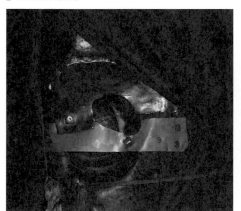

　　走進殿廊，會經過一道古老的紫檀木門。在殿廊的左右兩邊配殿裡，供奉著發願保護寺院的一眾龍族、夜叉。

　　大殿的中央，供奉著較大的千手觀音、蓮花生大師（8世紀；見「西藏小百科」）和三尊彌勒佛像。在中庭閣樓，供奉著一尊傳說從印度飛來、極為珍貴的釋迦牟尼像，但由於中庭並不開放進入，香客一般無法看到。

　　大昭寺主殿佈局，基本仿照古印度佛教精舍設計。在大殿的四邊，各有許多小配殿。朝聖西藏寺院，傳統是從進殿左邊開始，對每間開放的配殿次第朝禮。此處也依此路線順序介紹：

▌ 大昭寺一層

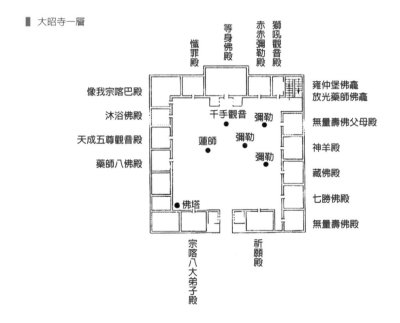

宗喀巴八大弟子殿

據歷史記載，宗喀巴大師在大昭寺時，曾親見文殊大士現身，文殊大士命他帶領八位學生前往沃卡地區閉關。此後，這八位大師的弟子，便被合稱為「八大清淨弟子」。

此殿是進入主殿後左邊的第一間配殿，供奉宗大師及他的這八位弟子身像。

▌ 大昭寺的佛意代表物——
薩迦班智達大師所造塔

佛陀的身、語、意，一般以佛像、經文咒語、佛塔來代表，稱為「身、語、意所依」。一座傳統的寺院，供奉的對境中一般三者齊全，大多更有不只一尊的佛像、多部佛經、多座佛塔。然而，在眾多的佛像、經文咒語和佛塔中，往往各有一作為主要供奉的對象。眾所周知，釋迦牟尼十二歲等身像是大昭寺最主要的佛身代表物；而從宗喀巴八大弟子殿出來，左邊牆角有一座白色的佛塔，這就是大昭寺主供的佛意代表物了。此塔原為薩迦班智達大師（1180-1251）所造，現在的是文革後重建的新塔。

藥師八佛殿

此殿是歷來香客為自己和親友祈求健康、長壽的地點，殿內供奉藥師如來等八佛。

繼續前進，會經過左邊的一尊米拉日巴像。米拉日巴（1052-1135）是全藏知名的噶舉派祖師，其前半生是殺人的術士，後來卻成為一個精進懺悔的

修士，最終成就了佛境，其苦行成為了後世所有西藏修行人的典範。他戲劇性的一生，現今已被拍成電影，並有世界各地多種版本的漫畫流通於市面。

天成五尊觀音殿

殿內的主尊稱為「天成五尊觀音」，原像是松贊干布主要供奉的聖像。據說，當年松贊干布得到了一尊在檀香樹心內自然形成的觀音像，便準備造一尊更大的千手觀音，把檀香像用作裝藏聖物。藏王把造像材料備好放在睡房裡，準備翌日請工匠開始塑像。在第二天早上，竟然出現了奇跡，聖像已自然塑成。藏王心想：「聖像自生固然殊勝，可惜未及把佛舍利和檀香觀音像等裝進去。」此時，觀音像再次顯靈把衣袍左角撩起，自動把檀香觀音、舍利等裝藏物攝吸入身。到了後來，傳說被視為觀音化身的松贊干布本人，和同為觀音家族的度母化身文成公主、尼泊爾公主，死後神識都進入了此尊觀音中。由於聖像是天然變化出來的，而且內有檀香觀音、松贊干布等三位觀音的人間化身，聖像本身又是觀音的形像，所以便被稱為「天成五尊觀音」了。此像的原像衣袍左角撩起，頭部輕微左傾。現今殿中聖像是文革後重新以舊像殘片重塑的。

在1409年前後，宗喀巴大師曾經與其高足阿旺扎巴相約於此殿中

■ 天成五尊觀音像

閉關修行。大師命阿旺扎巴觀察睡夢，翌晨匯報。當天晚上，阿旺扎巴夢到天上掉下海螺，他在夢中取海螺朝東而吹，螺聲震動東方。第二天，宗大師聽了弟子的夢境後，便預言說：「這是預示你將會回到你位於西藏東方的家鄉弘揚佛法，而且事業將會十分廣大！」，並把自己的佛珠贈予阿旺扎巴。阿旺扎巴當場發願說：「此佛珠有多少顆珠子，弟子當建立相同數目的寺院，以報師恩！」後來，阿旺扎巴果然回到了他的故鄉，即現在的川北嘉絨藏區，首先建立了安斗寺（其寺名意為「第一」），最後建成大藏寺（其寺名意為「圓滿完成」），先後一共建成一百零八座寺院。

在天成五尊觀音殿外的左邊牆前，供奉著唐東傑布像。唐東傑布（1385-1509；見「唐東傑布廟」）是香巴噶舉派（噶舉派的支系）的在家居士，他窮一生到處建寺、修橋，同時也是藏戲文化的發明者，而且還是一位名醫。在他的一生中，足跡遍佈西藏，並曾遠赴漢地及印度。

沐浴佛殿

殿內的彌勒佛像，乃11世紀重修大昭寺時，取松贊干布沐浴處之泥土所造。在門口上方，能看到松贊干布親筆書寫的觀音六字真言，乃大昭寺主要的佛語所依。殿外的幾級石階梯，是當年藏王與王妃沐浴所用，稱為「蓮花疊梯」。

像我宗喀巴殿

這座殿位於幾級階梯之上，

■「像我」宗喀巴像

■ 通往地底湖的小門

▌ 天成五尊觀音像身內裝藏的檀香觀音

供奉宗喀巴等祖師,其中的宗大師像的原像,乃大師在世時所造。據說當年大師第一次見到此尊像時,曾經驚歎說:「確實很像我啊!」,從此這尊像便被稱為「像我宗喀巴」。

殿堂下方有一小門通往寺院下的地底湖,但通道現已封閉。

懺罪殿

殿門前由金剛手大士和馬頭明王守衛,其內主尊為阿彌陀佛。

此殿之被稱為「懺罪殿」,和殿內佛像無關,而是因為它位於世上最神聖的等身佛殿隔壁。對許多來自遠方的藏族香客來說,能面見等身佛,是其一生中最重要的時刻。如果沿傳統朝拜路線行走,懺罪殿是臨面見等身佛像前最後進入的配殿,藏族香客在此會為了準備面見等身佛而虔誠祈禱、懺悔罪業。

懺罪殿前的柱子中,有兩根比較特殊,一為寶瓶柱,另一根的柱身裂縫內嵌有無數已故香客的牙齒。寶瓶柱是當年記載大昭寺建造歷史、極具研究價值的史書「柱間史」收藏處,後由阿底峽大師(982-1054;見「西藏小百科」)取出。「牙柱」則與西藏的朝聖精神有關。古代的陌生香客之間有一種默契:從邊遠藏區徒步或一步一拜前往拉薩的朝聖者,如果遇到死

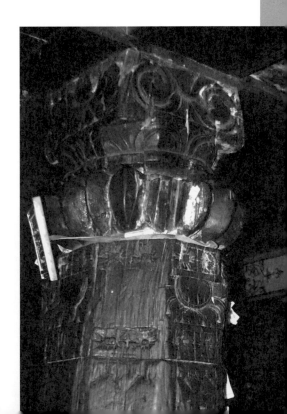

▌ 曾經收藏「柱間史」的寶瓶柱

世上最神聖的佛像──釋迦牟尼十二歲等身像

在路上的陌生香客，在經過時會自覺地捎上死者的一顆牙齒繼續上路。在最後到達大昭寺時，朝聖者會把死者牙齒嵌進大昭寺的這根柱上，代表把陌生的同路人帶到了等身像前，完成了死者的願望。

在懺罪殿和等身佛殿之間，供奉有松贊干布、兩位王妃公主和一尊蓮花生大師。此蓮師像由第十三世達賴喇嘛所造，面容具有明顯的印度民族輪廓，很是特別。

等身佛殿

在釋迦牟尼住世的年代，曾因文殊大士勸請，而以佛陀成道前的身高，由巧匠鑄造了三尊聖像。由於佛像按照真實比例所造，故稱「等身像」。這三尊佛像由佛陀親自開光，其中二十五歲像現今在印度菩提伽耶佛陀成道處大覺塔內，八歲像及十二歲像分別經尼泊爾及漢地而輾轉傳入西藏。

據歷史記載，十二歲等身像內藏兩顆傳說中的摩尼寶，最初亦供奉於印度大覺塔內。後來有一位印度國王與漢地國王符堅（338-385）雖然從未曾相見，卻一直頗有交情，經常互贈禮物，此像逐被贈予中國，被供奉於漢地第一座佛寺洛陽白馬寺內。幾近三百年後，文成公主入藏，此佛像便被作為嫁妝而來到拉薩。

在最初，十二歲等身像被供奉於為文成公主而建造的小昭寺

內,大昭寺則供奉由尼泊爾公主帶來的八歲像。後因傳聞武則天欲派兵索回十二歲像,西藏君臣便把十二歲像移至大昭寺秘藏南牆內,又把八歲等身像請至小昭寺代替。後來的金城公主把十二歲像尋出而安奉於中央配殿。從此,兩尊佛像便對調了位置,十二歲像成為了大昭寺的主要佛身代表,而由於供奉著十二歲等身像,大昭寺遂發展成為藏傳佛教中最神聖的地方。對許多西藏人來說,這個不過幾十平方公尺大的配殿,是心目中的宇宙中心。對千百年來無數從遠處一步一拜而來的香客來說,看到等身像的一剎那,是他們的朝聖旅程之圓滿終點。

此尊神聖的佛像,有著許多相關的傳說和典故。據古老預言,在末法年代,眾生將因罪業深重而無緣親見此尊世上最神聖的佛像,屆時佛像將會沉入地底龍宮。然而,由於佛陀的悲心,將有魯普巖寺的自現佛像出現而代替,讓人們尚能因朝拜該像而積集功德(見「魯普巖寺」)。正因為這個預言,在一篇很出名的祈禱文中,便有「恩瞻不虛祐主覺沃佛,勿往遷流那伽龍宮中,久住拉薩清淨聖剎土,恆時佑祐普渡眾蒼生」之祈請佛像不離人間的文句;而在殿門的正前方,有一尊造型獨特、較為罕見的蓮花生大師像,此乃第五世達賴喇嘛為請等身像不沉龍宮而塑造的。蓮師像呈合掌祈求的姿勢,面對殿內的等身像。

千百年來,等身像據說曾多次顯靈。曾經有一個來自遠方、信仰純真而思想簡單的香客,他聽說拉薩的覺沃仁波且(此佛像之傳統尊稱),便天真地以為這是指一個活生生的聖人,於是前來朝聖。到了等身殿頂禮、朝拜後,他對佛說:「我還得去別的殿裡朝拜,請您幫忙看管一下我的東西。」,便把靴子放在佛前了。殿僧回來看到佛前有一雙靴子,很是氣憤,便要把靴子拿開,此時佛像竟然開口說:「別動靴子,這是有人要求我看管的!」此像有時候還會長出舍利子,而且最

近的一次是沒多少年前。

　　進入佛殿朝拜時，如預先書寫了金汁祈禱紙條，可交予殿內僧人，然後從左邊繞行至佛龕側面，登上階梯以頭抵佛像的膝部，虔誠祈禱、許願，並按個人喜好而把哈達等供品呈上。如果喜歡供養現金，可直接放於佛像盤著的腿上。藏族香客，尤其是遠地而來的朝聖者，還喜歡把自己的佛珠和新請的唐卡、佛像碰觸佛身以求加持。由於朝拜的人流往往很長，僧人會把動作慢的朝聖者從佛龕階梯上拉下來，以免造成堵塞。在繁忙的日子，香客好不容易排隊上了台階，額頭剛剛碰到佛身，就已經被僧人抓著後腰褲頭要把人拉下佛龕了。這是西藏朝聖體驗的一部份。漢人朝聖者有時候會被此舉動嚇一跳，甚至覺得有點反感，然而從西藏朝聖傳統角度來說，這並不屬於無禮行為，藏族香客也不會介意（大多數僧人也知道在這點上漢藏之間存在著文化差異，故對漢族香客往往採取相對容忍的態度，一般只會輕輕把人「請」下來）。實際上，我們往往會看到僧人在拉藏族香客下來以讓路給後面的

▊ 合掌祈請等身佛不離人間的蓮花生大師像

■ 「我不走」佛像

人,而香客卻賴著不走的情況。

在頂觸、供養後,香客隨人流徐徐繞至佛龕背面。佛龕背後另有一尊釋迦牟尼佛像。相傳這尊佛像本來就被供奉於此。後來,寺僧把等身佛像請入此殿,準備把此尊佛像移至其他地點,佛像卻顯靈說:「我不走!我要在此守護等身像!」寺僧在驚歎之餘,也就不敢再移動佛像了。從此,此尊佛像便被稱為「我不走」,而一直被供在等身佛像背後。

繼續前行,便繞至等身佛佛龕的另外一側。香客登上這邊的台階,再次以頭抵佛像的膝部而祈禱、許願。在這邊,由於人流比較疏散,一般可有較長時間祈禱而不被驅逐。由於剛才已經進行了哈達供養等,此時一般不會重複再次供養。

如果有需要,朝聖者可向殿內僧人徵求同意,把自己新請的唐卡、佛像放置佛前一晚,翌日來取,僧人一般都會答應。此外,朝拜者亦可購買寺方預先縫製好的袈裟或錦袍,以供養佛尊。每套袈裟約為一百多元(2011);如供養全套錦袍及袈裟則需一、二千元。在購買後,寺僧會於下一次塗金時為佛像換上新衣,並把換下來的舊衣贈送供衣的施主(必須預約另日索取)。寺方另外備有佛衣碎片,一般用作贈送寺院施主;沒供衣的朝拜者亦可嘗試誠心索求,如遇寺僧不忙,有時也能如願。如果希望為佛像塗金身,可於佛殿左前方辦事處購買金子及預約時間。

朝拜等身佛完畢、離開此殿時,可留意守護在兩邊的四大天王像。殿門右邊的兩位天王面帶微笑,左邊的兩位天王則神情肅穆。傳說一次在無人觀看時,此四大天王顯靈互相談話、嬉戲。此時,元朝

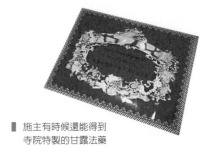

■ 施主有時候還能得到
　寺院特製的甘露法藥

國師薩迦派八思巴（1235-1280；見「西藏小百科」）突然來到。左邊兩位天王因面對國師前來的方向而及時看到，馬上便收斂了笑容，露出嚴肅的表情，右邊兩天王遲於察覺，其笑容便凝固在臉上了。此外，在殿門的正前方，能看到前述第五世達賴喇嘛為請等身像不沉龍宮而塑的合掌蓮師像。

從等身佛殿繼續右繞前進，會看到左邊牆上有阿底峽、仲敦巴（1004-1064；見「西藏小百科」）等像。仲敦巴背後牆上，有一幅度母的壁畫。據說，在八思巴國師到此處時，把哈達鋪在地面供養，此時壁畫上的度母曾顯靈開口說話：「應把哈達遞上！」由於曾經顯靈，此壁畫歷代以來很受信眾崇拜，經過時都會停步虔誠對其祈願。

赤赤彌勒殿

此殿存有文成公主當年使用過的灶具，並主供尼泊爾公主帶來的彌勒佛像和八尊不同形相的救八難度母。這尊名為「赤赤彌勒」的佛像傳說為極古年代印度的赤赤國王以響銅鑄造，並由當時住世的迦葉佛

▌仲敦巴背後度母壁畫曾經顯靈說話

開光。相傳此尊佛像在被請進西藏時，途中遇路況不佳，拉車無法前進，佛像曾顯靈下駕自己行走。

從赤赤彌勒殿出來沿朝聖路線前進，會經過左邊的一尊多羅納他祖師像。多羅納他（1575-1634）是覺囊派祖師，也是藏傳佛教史的最權威作者。在後世，他的轉世是蒙古的最高法王哲布尊丹巴世系，至今為第九世。

獅吼觀音殿

殿中央供奉一尊佛陀聖像，然而這卻不是此殿的主尊。此殿主尊是進殿時左邊騎著獅子的獅吼觀音。殿內其他幾尊皆為觀音的不同化相。

從獅吼觀音殿順著朝聖路線往前走，會看到左邊有一個石柱，上有一洞，藏族香客紛紛湊前把耳朵貼在洞口。前面說過，大昭寺本來建在湖上，寺院地底尚有湖水。民間傳說，地底湖裡住著一隻天鵝，而如果靜心聆聽，能聽到湖水聲和天鵝鳴叫聲。當然，這可能只是一個美麗的傳說，大概沒多少人會當真（個

聽湖洞

人認為，這個石柱可能只是古代的燭台），但大家來到此處都會按傳統俯耳聆聽，視為一件有趣的事。

雍仲堡佛龕

供奉松贊干布和兩尊不同化相的蓮花生大師像。

放光藥師佛龕

根據「柱間史」記載，這尊牆上的藥師佛是天然形成的，並曾經放光。

在放光藥師佛龕對面，是一道登上二樓的樓梯。按傳統朝拜順序，香客應在此處登樓朝禮二樓各殿，然後才回到一樓朝拜餘殿。此處按此傳統順序介紹二樓各殿（二樓只在早上開放，而且往往並非開放所有殿堂）：

▌曾經放光的藥師佛

菩提道次第殿

供奉釋迦牟尼、無著（300-370）、龍樹（150-250）、阿底峽、宗喀巴、帕崩喀大師（1878-1941）等像。

佛子殿

供奉釋迦牟尼及八大菩薩弟子像。

藥師佛殿

主要供奉藥師八如來像。

能仁殿

供奉釋迦牟尼及二大弟子。

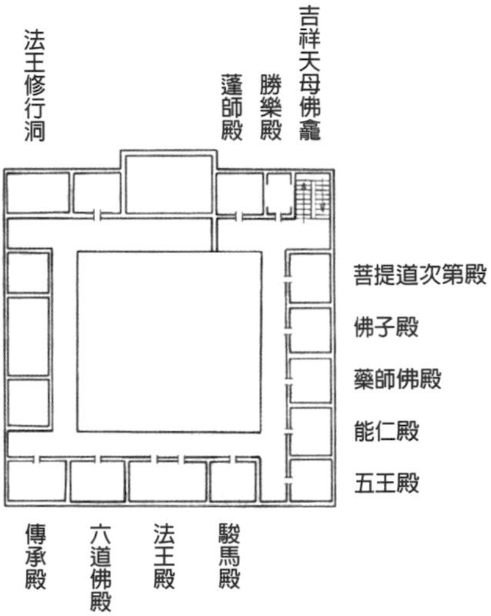

五王殿

此殿供有乃瓊、吉祥天母、馬頭明王等護法。殿牆上有一幅壁畫，描繪釋迦牟尼及其二大弟子，在畫中兩位弟子被畫為坐相，與常見的侍立佛陀兩旁的形相不同，比較罕見。

駿馬殿

供奉松贊干布、赤松德贊（742-797）、赤熱巴巾（806-841）諸藏王，及尼泊爾赤尊公主、唐文成公主、發明藏文的大臣桑布扎等，並陳列七政寶等吉祥物品。

法王修行洞　蓮師殿　勝樂殿　吉祥天母佛龕

菩提道次第殿
佛子殿
藥師佛殿
能仁殿
五王殿

傳承殿　六道佛殿　法王殿　駿馬殿

■ 大昭寺二層

「像我」松贊干布像

法王殿

此殿為大昭寺二樓的中央配殿，供奉松贊干布身像等。據歷史記載，當年松贊干布在看見此像時曾親口承認：「很像我！」，此像從此便被稱為「像我藏王像」，而且被視為特別有力量的一尊藏王像。

大昭寺的一層和二樓之間，有無數從最初建寺保存至今的橫樑、斗拱、木簷，工藝精美，至今已有一千三百多年歷史。二樓的法王殿門前，是近距離觀賞的較佳地點。從這個角度，能清楚看到雕刻著百獅一人面的木簷。如果細心觀察，會發現這些木簷上的獅面鼻子扁平，與其他寺院的木簷獅面有明顯區別。據傳說，在建寺的時候，松贊干布親自變化出化身，各各手拿工具雕刻。在藏王及其眾多化身雕刻獅面木簷時，由於藏王一時失神而落斧失准，一時之間，所有與他動作一致的化身便也同時削歪，導致所有木簷的獅面之鼻尖都被削去了。唯一具人面的那根木簷，傳說為當時松贊干布真身所雕刻，故此化為了他的面容。姑勿論傳說的真假，諾貝爾化學獎得主恩斯特教授曾對獅簷碎片測試，證實此段柏木確屬公元7世紀，與松贊干布的年代相符。

此外，在法王殿的前方樓道上，還展示著一個大酒壺。有關它的來源有兩種說法，一說為松贊干布藏酒所用，另說為宗喀巴大師啟藏挖出。在以往每逢新年，此酒壺會被送至各貴族家中象徵式地使用。

百獅一人面的木簷（注意扁平的獅鼻）

六道佛殿

佛殿的左右供奉六尊佛，分別為救度六道眾生（天、阿修羅、人間、地獄、餓鬼、畜牲道）的佛陀化身；而由於諸佛在六道化現是出於慈悲心，殿內的中央供奉著代表一切諸佛悲心之四臂相觀音像。

傳承殿

供奉釋迦牟尼及其諸弟子聖像。

法王修行洞

此小殿先後為松贊干布及宗喀巴大師用作修行之處，現供奉松贊干布、宗喀巴大師、大威德金剛、馬頭明王等像。

蓮師殿

供奉蓮花生大師的八種變化身相。

勝樂殿

此勝樂金剛像乃取拉薩泥土塑造，故傳有杜絕拉薩瘟疫之神異。

■ 其他寺院的獅鼻對比

吉祥天母佛龕

這個位處通往三樓樓梯上的佛龕，供奉著大昭寺的主要護法吉祥天母的寂靜和忿怒化身各一，其中左邊的寂靜相稱為「白拉姆」，右邊的忿怒相稱為

「白巴東贊」。

　　吉祥天母是女相護法之首，源自古印度佛教，尤其被格魯派所重視，而且也是拉薩城和大昭寺的主要護法。然而，對這位護法的信仰，從印度來到西藏後，在民間卻被賦予活生生的人物形像，演變出許多傳說。這裡供奉的白拉姆和白巴東贊，本來分別是吉祥天母的寂靜和忿怒化身。在民間傳說裡，白拉姆卻是吉祥天母的大女兒，白巴東贊變成了二女兒，此外還有一個三女兒叫「東蘇拉姆」。 大女兒孝順賢淑；二女兒比較差一點，並瞞著母親與赤尊贊神發生感情（傳說赤尊贊神的原型是護送文成公主和等身佛像進藏的一位漢人）；三女兒喜歡到處遊蕩，遊手好閒，不事家務。在故事所表示的因果報應中，孝順的白拉姆長得漂亮，不很聽話的二女兒皮膚黑黑的，而且長得像青蛙，最叛逆的三女兒淪為乞丐，在八廓街到處遊蕩討飯。由這個民間故事，還演變出許多拉薩的習俗。在每年的藏曆十月，也就

▌ 大昭寺護法吉祥天母之寂靜相

是普遍俗稱為「仙女節」的那天，僧人會把白巴東贊護法像請出來，繞大昭寺巡行一周，再把她背到拉薩河邊，而河對岸供奉赤尊贊神的寺院，也會把贊神像背到河邊，讓這對情侶隔河相對片刻。三女兒東蘇拉姆無家可歸，傳說她習慣蹲在八廓街東南角，所以在八廓街東南角有一面東蘇拉姆牆（見「甘丹柱」），路人走過時，會隨手撒一把糌粑，或在牆上抹上一把酥油，作為對她的施捨。以上這些典故，主要只是民間故事，不見得有佛教依據，然而從人文角度來說，它們是很有趣的。拉薩的父母，在帶著小孩朝拜大昭寺這個佛龕時，或走至八廓街東蘇拉姆牆的時候，往往會對小孩述說這個故事，藉此教導小孩因果報應的道理和孝順之道。

三樓

　　寺院的三樓有護法殿、千佛殿等，並供奉「大藏經」，但通常並不對外開放。

神羊殿內牆神奇浮現的山羊

從樓上返回一樓放光藥師佛龕後，應沿傳統香客路線次第朝禮尚未進入的一樓其他配殿。

無量壽佛父母殿

供奉無量壽佛父母相等。

神羊殿

供奉一尊相傳掌管拉薩的風調雨順之彌勒佛像。在以前一年一度的廣願大法會尾聲，這尊佛像會被迎請巡遊，以求順景。

在此殿的角落牆上，有一個小小的山羊身像。相傳當年在建造大昭寺時，曾有白山羊自行出現協助馱土。在寺院建成後，山羊不知去處，隨後此牆便出現了這個非人工雕刻的山羊身像。

從神羊殿繼續沿朝拜路線往下一個配殿走，會經過薩迦五祖師像（見「西藏小百科」），五尊像背後的牆上有一幅文殊大士壁畫。相傳當年釋迦牟尼的十二歲像曾被秘密收藏在隔壁的藏佛殿內，築牆封門，上繪此尊文殊大士壁畫。到金城公主重新發現了等身佛像所在時，由於牆門繪有佛畫，公主出於尊重而久久未敢破牆開殿。傳說，文殊大士壁畫顯靈自動右移到現在的位置上，讓公主可以破牆請佛。從此，這幅文殊壁畫便有了「右移文殊」的名字。

藏佛殿

此處即當年秘密收藏原供於小昭寺的釋迦牟尼十二歲等身的確切地點，現供奉阿彌陀佛和藥師八佛。

掌管拉薩的風調雨順之彌勒佛

七勝佛殿

供奉釋迦牟尼等七位佛陀聖像。

無量壽佛殿

供有九尊無量壽佛聖像。

在無量壽佛殿外的壁畫上，有傳說為自現的一雙眼睛和一把金剛杵柄的慧劍，其旁邊還有咒字。相傳，這是觀音的眼睛，若口誦觀音真言祈禱而對其凝視，對眼睛健康很有利益，甚至能治療眼疾。

祈願殿

主供松贊干布等三位藏王、兩位公主，和對古代西藏有重大貢獻的大臣身像。殿中央有一根圓柱，乃大昭寺最古老的圓柱。傳說在當年立柱之處，埋下了許多吉祥寶物，頭抵柱身許願皆能如意。

在祈願殿外的牆壁上，有當初建造大昭寺的情景壁畫。如果仔細觀看，能看到有文成公主進藏、山羊馱土填湖等等細節。

■ 能治療眼疾的自現眼睛、慧劍、咒字

■ 背後壁畫為「右移文殊」

■ 大昭寺最古老的圓柱
—祈願柱

▋ 有關建造大昭寺緣起的壁畫

　　在朝拜完所有配殿後、離開大殿時，會再次經過殿廊通往寺院天井廣場的紫檀門。在此門的上方有一個鐘。從大殿離開的藏族香客，多會在鐘下的位置停留而祈禱。這個位置是寺院大殿的中軸線，面對釋迦牟尼等身像，頭頂二樓的「像我」松贊干布身像，腳踏建寺時在此處埋下的吉祥緣起寶物，故為祈禱的最佳位置。朝聖者完成朝拜後經過鐘下時，應回身面向大殿，虔誠許願。

　　步出殿廊，可沿環繞主殿的內轉經道而朝拜其他配殿。內轉經道上的壁畫，主要為佛陀的本生故事。

▋ 大昭寺的中軸線

▋ 內轉經道

■ 鐘下位置乃大昭寺祈禱最佳位置

度母殿

度母殿供奉有二十一度母、宗喀巴師徒三尊、蓮花生師君三尊等像,其主尊是被稱為「善言自成像」的一尊綠度母,其典故如下:當時,一位叫「念熱瘋僧」的行者,在林芝地區目睹度母化現,遂取度母化現處之土在大昭寺造度母像。在此尊度母像只造成半身的時候,泥土已經用光了,行者便轉身準備再往林芝地區背土,此時背後傳來聲音說:「不必操心取土了,我已到臨!」在他轉身回頭看時,度母像竟然已經完整。由於這個神奇的典故,此尊度母歷代以來是香客特別重視的朝聖對象。

在度母殿的左邊門牆上有一個陷入牆體的神奇掌印,這是知名高僧龍度喇嘛(1719-1805)的手掌印。龍度喇嘛在成名前,本為色拉寺普通和尚,家境很窮。在某一屆廣願法會上,他是其中一個負責為大眾上茶的雜役和尚。法會中的糾察僧嫌他動作慢,就推了他一把。在狼狽跌倒之際,龍度喇嘛用手掌抵著門牆,卻竟然壓出了這個手掌印。後來,龍度喇嘛成為了知名高僧,一生從事弘法事業,權威著作極豐。他的這個掌印,自然就被後世傳為美談了(有關龍度喇嘛一生中的許多神奇事跡,在「色拉寺」一章中還會提及)。

十萬蓮師殿

此處供奉寧瑪派吉美林巴(1729-1798)、隆欽饒絳巴大師(1308-1363)等的身像及十萬尊蓮花生大師小像等。

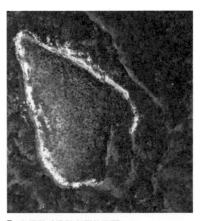

■ 度母殿外像學者冠的石頭

度母殿外牆上的龍度喇嘛掌印

金頂

　　主殿三樓通往屋頂的樓梯一般並不開放。希望近距離欣賞金頂的人，可從天井廣場的樓梯登上寺院頂層。在頂層，可遠眺布達拉宮、俯瞰寺門前進行禮拜的信眾，並可觀賞工藝精湛的金頂、法輪、寶幢、金銅吉祥瑞物等寺飾，是拉薩最佳攝影取景點之一。此外，牆上朝向東、南、西、北等四面八方的方位，各有對應拉薩周邊不祥地理的克制物，如面對東方、克制東面巨鰲山的海螺等等裝飾物，都很值得仔細欣賞。

　　在繞拜主殿後，便可離開大昭寺。時間充裕者，可於朝拜後沿八廓街作中轉經道的繞拜修行。

　　順帶一說，一些漢族信徒離開大昭寺時，會在寺門外再次頂禮告別，這樣做並無任何錯誤，然而西藏文化及藏傳佛教中卻有一個習俗，在離開寺院或老師的時候，一般不作告別式的頂禮，以表示緣份未竟的吉祥意思。

PART4

八廓-中轉經路及附近朝聖點

中轉經路稱「八廓」，沿八廓街繞圈而行。
除大昭寺外的朝聖點有八廓大經輪、八廓彌
勒殿、財尊殿、貢嘎曲德殿、木如舊寺、甘
丹柱；周邊主要朝聖點還有小昭寺、長壽
寺、策墨林、錫德扎倉、北方三祜主殿、下
密院、木如新寺、達布林贊康廟、噶瑪廈贊
康廟、南方三祜主殿、饒賽贊康廟、蒼空尼
院、拉薩薩迦寺、西方三祜主殿及丹吉林。

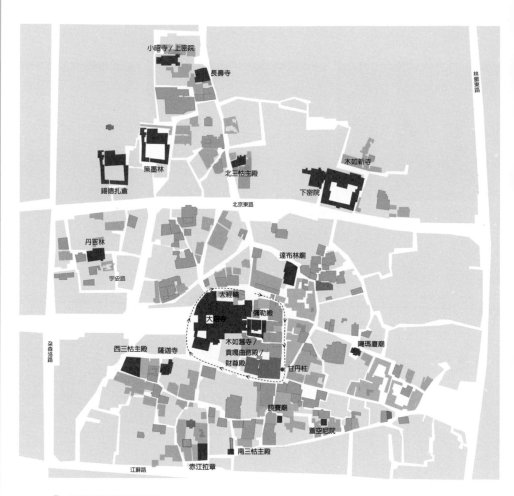

小昭寺／上密院

長壽寺

策墨林

錫德扎倉

北三怙主殿

木如新寺

下密院

北京東路

林廓東路

丹吉林

宇安路

達布林廟

朵森洛路

大經輪

大昭寺

彌勒殿

木如舊寺／
貢嘎曲德殿／
財尊殿

甘丹柱

噶瑪慶廟

西三怙主殿

薩迦寺

饒賽廟

蒼空尼院

南三怙主殿

赤江拉章

江蘇路

■ 中轉經路及附近朝聖點

小昭寺與上密院 Ramoche Monastery / Gyuto Tantric College

小昭寺位於小昭寺路上，距離大昭寺不遠，從大昭寺去北京東路再拐進小昭寺路即達，大概也就是十分鐘路程而已。本書介紹的錫德扎倉、策墨林、長壽寺、北方三祜主殿也都在同一條路上；附近還有下密院和木如新寺。

「小昭」是漢人對寺院的稱呼，據說是因為大昭寺供奉稱為「覺沃」的十二歲等身像，所以小昭供養的八歲等身像就被相對地稱為「小覺沃」了，叫著叫著，「大覺沃」、「小覺沃」就變音而成「大昭」、「小昭」了。藏語裡的小昭寺，一般稱為「熱木齊」，全稱「嘉達熱木齊祖拉康」；其中的「嘉達」，有說是「漢人建飾的」之意，也有說是「漢虎」之意（兩者藏語發音近似）。根據8世紀的文獻說，稱為「虎」是因為當時寺頂有班紋。然而，根據五世和十三世達賴喇嘛的考證和判斷，「漢人建飾的」方為正解。

小昭寺是松贊干布為其五妃所建寺廟之一（小昭寺乃為文成公主所建；其他四地為大昭寺、帕崩喀寺、魯普巖寺及扎耶巴）。一千四百年前，文成公主帶著現供於大昭寺的佛陀十二歲等身像來到拉薩。在一行人走到現小昭寺所在地的時候，裝載佛像的車陷入泥澤，無法前進。公主認為此乃佛像願留此處之意，便在原地以四根柱帳圍繞供起等身像。沒多久後，公主認定此處為龍魔宮殿所在，使由松贊干布於此建立了小昭寺，以供養等身佛像、鎮壓龍宮。

小昭寺現今略見凋零，無法與大昭寺相比，然而在當年，它卻是與大昭寺同一天啓建、同一天竣工、同規模、同級別的雙胞胎寺院，而且兩者俱為藏王為公主所建，又都供奉釋迦牟尼等身像。在寺院門口旁邊的長壽寺（見「長壽寺」），似乎亦建於同期。

在「大昭寺」一章中說過，小昭寺和大部份藏地寺院座向不同，其大門向東，乃為了面向漢地而設計（為赤尊公主所建的大昭寺向西，則是為了朝著尼

釋迦牟尼八歲等身像

泊爾）。寺院原建築為仿唐風格，後於火災後重建時改為藏式。在1485年，小昭寺被交予上密院創始人貢嘎頓珠大師（1419-1486）管轄，從此便同時為上密院的校址。

貢嘎頓珠是宗喀巴大師的再傳弟子，師從下密院創始人喜饒僧格大師（1382-1445；見「下密院」）。他在1474年創辦了上密院，後因以神通治水有功，而被委任為小昭寺住持，上密院逐從原址遷移至小昭。

上密院（「居堆巴扎倉」）與下密院，是密法的最高學府。此二院與色拉、甘丹、哲蚌三大寺並列為格魯派的核心學府。兩密院名字中之「上」、「下」，純粹是以其相對的地理位置而稱，並非指行政級別高低。

進入密院的學僧分兩種，一種是在其他寺院受過佛教基本教育的年輕僧人，另一種是在三大寺學習顯宗畢業而得格西學位的僧人；前者主學密法念誦、供品製作、法會儀軌等，後者則著重學習密法教理和修持。在1959年以前，上密院有五百位學僧，其宿舍在寺院對面；然而在古代，密院的學僧訓練很嚴格，剛入寺的新僧幾乎長期坐在殿裡座位上，大部份時間都在學習或參與念誦，連晚上也必須以盤坐的姿勢休息，不允許躺下。

參拜小昭寺時，可在門口外購買草藥香、哈達等，也可購買包裝或整瓶酥油。門外右邊角落，有售寺院循環出售的哈達，價格比較便宜。

從門口進去，院中有供養草藥香的大香爐，右邊的售票處兼營金汁祈禱紙條服務，左邊燈房則提供供燈服務。如需佛像塗金用的金子，可在中央主殿右邊上樓請購及預約塗金師。

進入主殿，左邊是護法配殿，中央前殿為僧人上殿念誦的地方，供奉大威德金剛、密集金剛、祖師像等，並掛著許多密院特有的僧砵（見「下密院」）。

▌小昭寺釋迦牟尼
　珍貴佛衣

　　主殿的後方是一個獨立的配殿，四周有迴廊可供繞拜。配殿原供從印度傳到漢地、文成公主帶到西藏的釋迦牟尼十二歲等身像，後與原供於大昭寺的八歲等身佛像互換了位置，現供的是八歲等身像。此像為本師釋迦牟尼在世時，依其八歲身相而造，並經釋迦牟尼親自開光，乃現今尚存之三尊佛陀親自開光的等身像之一（除拉薩的兩尊外，第二尊乃印度菩提迦耶的二十五歲像），原為尼泊爾的國寶，後由尼泊爾公主帶進西藏。在恭敬頂禮後，可進入殿內繞拜（此後殿淡季只於上午開放入內，下午只能隔著鐵網朝拜）。如在門前辦理了金汁祈禱紙條，應於此時交予殿內僧人。離開內殿時經過的左邊內壁上，有一傳說為自現輪廓、後人上色的白度母形像。

　　等身佛殿前有一個小櫃，朝拜者可在此處購買寺方預先縫製好的袈裟或錦袍。袈裟約每套一百多元（2011）；如供養全套錦袍及袈裟則需一、二千元。在購買後，寺僧會於下一次塗金時為佛像換上新衣，並把換下來的舊衣贈送供衣的施主（必須預約另日索取）。寺方另外備有佛衣碎片，一般用作贈送寺院施主，沒供衣的朝拜者亦可嘗試誠心索求，如遇寺僧不忙，或許也能如願。

▌小昭寺自現白度母面容（顏色乃人工後繪）

長壽寺入口

長壽寺 Tsepak Lhakhang

長壽寺在小昭寺路上。從小昭寺朝拜完出來，長壽寺就在寺門的左邊（南邊）。寺院門口有一家小商店（似乎是寺院自己經營的），還長期有幾家路邊露天商販兜售哈達、草香、酥油，很容易找。

長壽寺的寺名在藏語裡是「次巴拉康」。不很精確地翻譯的話，「次巴拉康」就是「長壽寺」或者「無量壽佛寺」的意思。它雖然就在小昭寺隔壁，可是卻不屬小昭寺下寺，而在歷史上由錫德扎倉管理。

這是一座小廟，可是卻供奉據說為拉薩最靈驗的無量壽佛像，而且據說這尊佛像是拉薩最大的一尊無量壽佛像。

在門口前的商店，有時提供寫金汁祈禱紅紙條服務，有需要者可以在此為自己、親友、家中的病者或老人寫名求壽。寫好名字後，把紅紙條帶進寺殿交值班僧人即可。朝拜者亦可在殿外左側的燈房點燈，為家人、病者、老人祈禱長壽。

在進殿祈禱、供養、頂禮後，香客一般會圍繞殿堂順時針方向繞拜。繞拜的時候，其中一種傳統習俗是按自己年齡繞同數目的次數；否則也可以隨力繞三、七等圈數。此外，必須謹慎觀察藏人繞拜方向，一定要順時針方向走，千萬不能出錯，否則容易導致其他信眾反感。

從長壽寺出來，可順道向寺外露天商販買點純天然草香，其中的柏香粉、堪巴草既可用來供佛，也可以在室內點燃少量以淨化空氣。這兩種草藥燃燒時，氣味芳香怡人，並有消毒、預防傳染病的藥性。草香大概兩元一大把，十分超值，正好多買幾斤回家用（如果在拉薩買了陶瓷質的財瓶、龍瓶或其他易碎品，大量一小包一小包的粉末狀草香正好同時作為適用的包墊材料）。實際上，大昭寺附近等很多地方都有擺賣同樣的草香，可是小昭寺、長壽寺前的商販正好聚集在寺院門口，不必刻意前往購買，很方便順道買上帶著繼續走。

長壽寺的無量壽佛

策墨林 Tsemon Ling

策墨林位於小昭寺和錫德扎倉之間，從小昭寺徒步可達，朝聖者可從小昭寺路找策門林一巷走進（從策門林一巷巷口走進，到盡頭右拐繼續走，到盡頭左拐再走到盡頭就是，但必須再左繞到建築物正門才能進入，正門上有漢字寫著「策門林寺」），或從北京東路找策門林二巷的巷口（在丹傑林路口對面）走進，寺院在巷內左邊。寺院雖說距離小昭寺只有幾分鐘腳程，和錫德扎倉也只是一牆之隔，卻比較難找，必須找拉薩本地藏人問路（當然，對很多人來說，分辨本地或外來藏人可能已經不太容易）。由於寺院當年勢力範圍廣大，這裡整片小區被廣義稱為「策墨林」，問路時必須刻意說明是要找策墨林寺院。

這座寺院的名字也譯作「策門林」、「策滿林」、「策默林」等，是四大林之一（其他三座為丹吉林、功德林、策覺林），同時也是拉薩的五座攝政邸所之一（其他三座為丹吉林、功德林、錫德扎倉、木如寺）。

有關策墨林的寺名，有兩種說法，一說為出自其內供奉的長壽佛之藏文發音「策巴美」，另一說為由道光皇帝御賜寺名。

策墨林喇嘛世系是西藏有名的轉世世系之一，其第一世曾擔任攝政及第八世達賴喇嘛（1758-1804）之師長之位；第二世任攝政、第七十三任格魯派法王甘丹赤巴、第十世達賴喇嘛（1816-1837）之師長；第三世亦

▌策墨林入口

任攝政之位,並為第八十七任甘丹赤巴。策墨林寺,正是策墨林喇嘛世系的府第和私人寺院。

　寺院建築主體本來分白宮和紅宮,為不同時期所建,白宮乃第一世策墨林喇嘛所建,紅宮則由第二世主持興建。文革後重建的策墨林,只佔原來寺院建築的一部份,其他殿堂現在是民居、小型工廠等,僧俗共處,很難稱得上有氣派。

　由於策墨林在教規上隸屬格魯派色拉寺昧院,除了釋迦牟尼、宗喀巴大師、歷代策墨林仁波且像以外,這裡也供有色拉寺昧院的主供護法塔烏。

　進入殿中,左邊的長條形配殿供有不動佛等;殿後方相通的左配殿、中配殿分別供奉塔烏、大威德金剛,右殿則供奉釋迦牟尼;右邊的長條形配殿供有三祜主等。

■ 策墨林主殿

四大林和五座攝政寺院：

拉薩有四大林和五座攝政寺院。這兩種截然不同的分類、組合，引致了很多誤解，大家以訛傳訛，導致在絕大部份相關書籍、介紹文字中，都把四大林和攝政寺院混淆了。

在最傳統、最原始的說法中，四大林是四座名稱以「林」結尾的寺院合稱。所謂的「林」，是藏文中「洲」的意思，很多西藏寺院以此為名，譬如色拉寺的全稱是「色拉大乘洲」、川北著名的大藏寺正式名稱是「大藏任運成就洲」等等。拉薩著名的四大林，傳統上本指丹吉林、策墨林、功德林、策覺林此四座建立年代相近的寺院，其中丹吉林、策墨林、功德林在歷史上同時也是攝政邸所，而建於1790 年的策覺林，則是八世達賴喇嘛的老師噶欽仁波且駐錫之地，並無出過曾擔任攝政的寺院成員。

在西藏歷史上，共有六個世系的大師擔任過攝政，全權負責西藏政教事務，他們分別是第穆仁波且、策墨林仁波且、達扎仁波且、功德林仁波且、熱振仁波且和德珠仁波且，前四世系分別和丹吉林、策墨林、功德林有關，熱振仁波且的拉薩邸所為錫德扎倉，德珠仁波且邸所則為木如寺。可能是因為丹吉林、策墨林、功德林、錫德扎倉的寺主都曾出任攝政，其設計風格也相近（這是因為策墨林、功德林、錫德扎倉的修建均以丹吉林為設計藍圖），後來一些史書便錯誤地把它們並列為四大林了（實際上，熱振仁波且的邸所一般被稱為「錫德扎倉」），而且更錯誤地認為四大林就等於攝政寺院。

丹吉林、策墨林、功德林、錫德扎倉、木如寺這幾個地點，既是攝政位於拉薩的正式官邸，同時也是歷史上有一定名氣的寺院。

如果嚴格地說，四大林為丹吉林、策墨林、功德林、策覺林此四者；攝政寺院則指丹吉林、策墨林、功德林、錫德扎倉、木如寺。

北京東路通往錫德扎倉遺址的策門林四巷

🍀 錫德扎倉 Shide Dratsang

錫德扎倉距離小昭寺不遠，和策墨林也只是幾座建築物之隔，但從策墨林找去卻不容易（從策墨林出門右拐走到盡頭左拐走到盡頭右拐走到盡頭再左拐走到盡頭再右拐再走到盡頭就是）。不享受尋幽探秘的人，可從北京東路找到策門林四巷，從巷口直接走到盡頭就是。

錫德扎倉也被稱為「錫德林」、「惜德寺」、「錫堆寺」、「夕德扎倉」、「呼征寺」等，是曾任攝政的熱振仁波且之拉薩寓所和管轄的寺院，即拉薩的五座攝政邸所之一（其他四座為丹吉林、功德林、策墨林、木如寺）。雖然它不是傳統說法中的四大林，可是後世的一些史書常把它取代了策覺林而列入四大林組別裡。

有關錫德扎倉之名，有多種說法，其中一說是寺院前身為藏王赤松德贊始建，後經歷代搬遷，最終搬進現址的四方建築物而名（「錫德」和藏文數字「四」相關）；另說為由於最初寺院只有四位僧人而得名。

熱振仁波且世系向來以噶登派祖寺熱振寺為基地（見「熱振寺」）。第一世的熱振仁波且名為「阿旺措丹」（1677-1751）。在18世紀，錫德扎倉僧人正式入主現址，大約同期與熱振寺建立密切關係。第三世熱振仁波且在擔任西藏攝政時，正式遷入錫德扎倉。從此，寺院便成為熱振世系的拉薩府第。第五世熱振仁波且曾任西藏攝政，同時出任現任達賴喇嘛的幼年期師長。在其任期內，錫德扎倉被擴建至成為拉薩當時最高建築物之一。

全盛時期的錫德扎倉，有四、五百常住僧人在其內居住、修行。在1957年，著名的赤江大師（1900-1981；見「南方三祜主殿」）曾在此地傳授帕崩喀大師的「掌中解脫論」（見「曲桑尼院」），其開示長達一個多月，聽眾包括五十多位轉世高僧、兩千多位僧眾和無數在家居士。

今天的錫德扎倉，已經淪為廢墟。然而，不論從人文、歷史的角度

來說，由於這曾是拉薩重要寺院之一，還是值得一遊。對朝聖者來說，朝聖的最終目的，不外乎是讓自己在心靈上有所進益。朝聖大昭寺等富麗堂皇的寺院當然重要，可是，在這裡，面對著這龐大無比的廢墟，想像著它往日的輝煌，很自然就能生起對佛陀所說的「無常」之真實覺受。如果從這個角度考慮，也許錫德扎倉仍然可說是很有它的獨特朝聖價值。此外，雖然本書並非為一般驢友、攝影愛好者設計，可是實在忍不住一說：錫德扎倉廢墟實在是攝影愛好者的天堂。夕陽斜下時的錫德扎倉那種歷史滄桑感，在別的地方確實難尋。

順帶一提，如果有空閒在錫德扎倉廢墟發呆，經常會發現一些有趣的社會現象。這裡雖已淪為附近百姓家小孩的探險天堂，可是如果留意觀察，會發現藏族小孩不論玩得有多瘋，他們主要只在殿堂廢墟周邊玩耍，而對中央的廢置殿堂，他們大多會表現出一種小孩式的恭敬態度，從來不會玩弄殘留的佛像部份；藏族成人，特別是老人，在路過這座不再有佛像的廢墟時，一般仍會脫帽、微微彎腰以表示恭敬。在現在這個年代，這一種精神，恐怕在世界上別的地方很難看到。

錫德扎倉遺址

北方三祜主殿入口處

北方三祜主殿

Northern Rigsum Gonpo Chapel

北方三祜主殿就在小昭寺路上，正好可以在前往小昭寺及長壽寺時或在回程順道朝拜。它的具體位置在小昭寺路東邊（如果從北京東路走進小昭寺路，它在右邊），臨街的門面只有一個不大的招牌，上面寫的是「北：聖三部主佛堂」。

此殿堂在歷史上屬錫德扎倉分院（也有說是下密院管轄），但重建後卻由色拉寺附近的格日尼院（見「格日尼院」）尼眾所管理。

北方三祜主殿不大，分為兩個小殿。往裡走的小殿主供約真人大小比例的觀音、文殊、金剛手三尊重建新像。靠近門口的小殿、面對佛壇時的右邊，則供有原有的自生三祜主石。在90年代，西方學者曾經到臨實地考察，發現殿內存有一尊殘舊的北方多聞天王像，從而推論歷史上的四方三祜主殿或許各供奉其對應方向的天王，然而此論點已無法驗證了。

拉薩的八座三祜主殿：

拉薩原有八座三祜主殿，圍繞中央的大昭寺，構成一個壇城佈局，其中東、南、西、北四方位的三祜主殿乃由松贊干布啟建；而東南、東北、西南、西北四維之殿則為後世所建。

時至今日，八座三祜主殿中只餘南、西、北三座，乃90年代重建。原東殿的三祜主石刻等，現被供奉在布達拉宮東面山腳處。

北方三祜主殿內的自生三祜主像

北方三祜主殿內的三祜主像

■ 下密院製作的各種寶瓶

■ 密院學僧歷代輾轉相傳的僧缽

■ 足印石板

下密院

Gyume Tantric College

　　下密院（「舉麥扎倉」；亦作「居美寺」、「居巴扎倉」等）位於北京東路，與木如新寺相連；從小昭寺路口往東走幾百公尺即達。

　　下密院的「下」，並非指行政級別裡的下級，而是相對上密院的地理位置而稱（兩座密院分別位於河流上游和下游）。

　　它是格魯派最主要的教育機構三大寺、二密院之一，與位於小昭寺的上密院並列為密法的最高學府。格魯派掌教法王甘丹赤巴的入選資格，是必須從三大寺其一學顯宗畢業，再在兩座密院其一學密畢業，又曾先後出任三大寺其一的方丈，和上、下密院方丈。所以歷代以來，出身自此寺的法王不計其數。

■ 下密院

■ 下密院裡的顯靈度母壁畫

在1410年，喜饒僧格（1382-1445）到達色拉寺後山的色拉曲頂拜見宗喀巴大師，後成為大師的八大弟子之一，其於色拉曲頂聞法證空的事跡見於宗喀巴諸傳記中。一次，宗喀巴大師問眾弟子：「我教導的密法，誰能承擔弘揚的重任？」，連問三次無人敢應，喜饒僧格便從眾中起立回答：「我當負責弘揚！」大師遂高興地把信物贈與喜饒僧格，此弟子後於1433年開辦了下密院。當時的下密院並非位於拉薩城，後於18世紀遷移至現址。

由於不是旅遊熱點，下密院雖然地處鬧市之中，卻不收門票，毫無商業氣息，且僧人大多極為友善。

從古建築設計角度來說，下密院也比較有特點。它和大昭寺、錫德扎倉等，是少數幾座老城區裡的四層建築物；其大殿寬敞、上層建有對朝拜者開放的小殿之佈局設計，完全不同於拉薩其他小寺，反而類似三大寺等後期建築。

大殿前殿是僧人集會的地方，供有包括喜饒僧格的歷代祖師像和佛像等。殿中掛著很多上、下密院特有的僧砵，乃18世紀某大臣供養密院之原砵（上密院雖亦有同樣的僧砵，但卻非原來舊砵）。這些僧砵是密院的特色，很有意思。每一個砵，就代表了一位在學寺僧。在舊年代，下密院定制學僧數目為五百五十五，砵數也是五百五十五。每個學僧擁有一個前輩學兄歷代傳下來的舊砵。譬如說有新僧被收錄，寺方便會發給一砵，直到學僧本人因畢業，或因寺方開除、自己輟學或病逝等原因離開，僧砵方傳予新生；在密院拒絕入學申請時，不會說：「目前不取錄新生！」，

■　下密院後殿的結構比前殿高

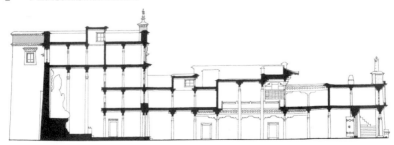

■ 拉薩最大的宗喀巴像

而會說:「本寺暫無空砵!」

　　後殿的結構比前殿為高,供有五公尺高、拉薩最大的宗喀巴大師像。這是拉薩老城區同類建築結構中的唯一尚存者。在後殿的右配殿中,供奉十三尊大威德、護法等忿怒本尊。

　　從大殿的後部,有樓梯可上二樓。二樓的配殿供奉一面度母壁畫,乃下密院鎮寺之寶。此尊度母據說是自現的,一直供奉在下密院。一次,寺院面臨很大的經濟危機,方丈實在沒有辦法解決五百多位學生的生計了,便尋思出外化緣的事。此時,石碑上的度母突然顯靈說:「讓我來操心寺院所需,你管好學僧教育的事就是了!」從那天起,下密院似乎

■ 創院祖師喜饒僧格大師

就再沒出現過資金短缺的情況了。

　　在三樓的大藏經殿,除供奉藏文貝葉版「甘珠爾」、「丹珠爾」外,還有一塊奇怪的石板,上有兩個深入石面的足印。此石板原來不屬下密院,乃近年某老婦所奉,寺僧只知其為聖物,但對其典故卻難以確說。有說這是創院祖師大師以神通在石板上踏出的腳印,也有說是某行者在同地點站立長期作大禮拜經年累月所磨出。

　　在此殿的窗戶旁,堆放著依不同顏色彩布區分的天瓶、地瓶、財瓶等寶瓶,有招財、安宅等吉祥意義,有需要者可向僧人請購(見「食衣住行在拉薩」)。

木如新寺
Meru Dratsang

木如新寺的正確名稱是「木如扎倉」；也譯為「新木鹿寺」等），它位於北京東路、下密院旁邊；從大昭寺、小昭寺步行前往，皆為十分鐘可達的距離。在面對北京東路的入口處，有「拉薩印經院」路標，朝拜者由此進入即可。

此址是拉薩老城區除大昭寺以外最大的建築群，佔地面積約七千平方公尺，樓高三、四層不等。

有關木如新寺的歷史，眾說紛紜，已難考證。根據口耳相傳，寺院最初建築乃由9世紀一將軍為懺悔殺業而在墳地建立的小殿；然而根據最早的文字記錄，寺院似乎初建於11世紀。隨後，隨著木如舊寺的擴張，此寺遂改宗格魯派，與鄰近的下密院亦關係密切。到了19世紀，這裡成為德珠仁波且世系的攝政邸府。在1960年代，寺院被交給西藏話劇團使用。到了1989年，寺院被發還原來之一小配殿，成為今之主殿；原大殿現歸拉薩印經院使用。

從北京東路入口進入，會通過一條走道。走道牆壁的四大天王舊壁畫，現只能依稀辨認。經過走道，便身處木如新寺的大天井中了。

天井中的一角，便是現今的主殿，亦為木如新寺現在唯一的殿堂，內供格魯派寺院共通的祖師、佛、菩薩等像，多為近年新造。

天井另一角落的印經院，以傳統木刻雕版手工印刷各種佛經。印經院並不對外開放；對西藏傳統印經過程感興趣者，建議往色拉寺印經院參觀。

木如新寺

八廓大經輪
Bakor Mani Lhakang

　　從大昭寺正門順時針沿八廓街繞行，即進入八廓北街。歷史上的八廓大經輪，原來位於路中間，即現在八廓北街尾段、八廓街東北角的黃色房子所在（在2011年這是一家唐卡店）。在原經輪的旁邊，曾有一座知名白塔，稱為「四門白塔」。此塔內供商人之神羅布桑布的頭蓋骨。在塔建成的初期，以在藏地建立多座鐵索橋聞名的唐東傑布，便曾在塔下空間露宿、化緣（見「唐東傑布廟」）。從前，拉薩人在表明誠實時，常會說：「我敢對四門白塔發誓！」，可見此塔的重要地位。現在新建的經輪，隱藏在八廓北街中段一排路邊小攤背後，可注意找其門

圖中白色建築為大經輪所在

前的大香爐，看到香爐後沿路邊小攤攤之間的縫隙走進即達（即八廓北街12號店的正對面）。

　　此新經輪所在地，本來是隔壁的舊監獄門前的露天刑場。歷史上的公開笞刑，多在這裡舉行。

　　此經輪建築，乃80年代私人出資、為了代替原經輪而易地重建的，現由寧瑪派名剎敏珠林管轄。殿內除了一個巨型的經輪以外，沒有很多別的東西。

　　走進殿裡往經輪靠近，正在轉經的藏族老人會友善地挪出一點空間歡迎加入。此時應認真祈禱，念誦大明六字觀音真言，順著方向繞三圈、七圈，乃至百千之數。

　　在殿的外方，也有許多小經輪圍繞，可順時針方向圍繞建築物繼續繞行轉經。

八廓大經輪

▌守護市集的彌勒像　　　　　　　　　　▌彌勒像隔窗面對守護的八廓市集

八廓彌勒殿
Bakor Jampa Lhakang

彌勒殿是一座黃色、兩層的建築，在八廓北街中段、大轉經輪旁邊，從大轉經輪往裡走約二十公尺即達（具體地址是色拉達果一巷）。

此寺是一座格魯派寺院，最初由宗喀巴大師的弟子建立，內有創寺祖師和噶舉派「瘋行者」竹巴昆列（1455-1529）的修行地洞，並供奉八公尺高的彌勒像。

走進地面的大殿，可看到彌勒像的下半身。在殿堂內方，能朝拜創寺祖師和「瘋行者」的修行洞。觀察力強的人，或許會注意到這裡佛壇朝向另類。傳統上，西藏寺院佛壇和殿門多為相同朝向，大殿的佛壇通常面對殿門（譬如說，朝拜者站在大昭寺門外的時候，實際上

▌八廓彌勒殿佈局

西藏寺殿典型佈局

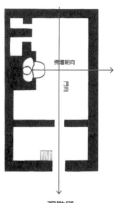

彌勒殿

■ 每早舉行的馳名懺祝儀式

是正在和大殿正中的等身佛像面對面地立在寺殿佈局的中軸線上）。可是，此彌勒殿卻是正門朝東、佛像朝北。在拉薩，只有兩座寺廟的佈局如此，一座是此彌勒殿，另一座是達布林贊康廟。

從二樓，可看到大彌勒像的上半身。這尊彌勒像原是為了保護八廓街民生而立，故稱「守護市集的彌勒」。在佛像的面前有一扇小窗，窗外便是八廓街鬧市。在佛教中，彌勒被視為將化生人間、示現修行成道的未來佛。殿裡的彌勒像兩旁，還有較小的釋迦牟尼和過去佛。此三尊合稱「三世佛」，乃漢、藏傳佛教共通的常見組合。

此殿也以其每天舉行的一種佛教儀式而知名。朝聖習俗上，來到拉薩朝聖的人，都會朝拜此殿參加儀式，甚至歷代達賴喇嘛也必每年一度來此參與。這種叫「懺祝」的法會，有懺罪、除障、去病、延壽、驅惡運的意義。如果希望參加，可於早上八、九點到寺院排隊上樓。在二樓門邊有一盤棕色的麵團，朝拜者應自行取其一而捏成長條，在身上各處擦拭，尤其是有病疼的部位，同時想像麵團吸收了體內病患，然後在它上面吹一口氣，想著自己的病氣已融入麵團，最後把它丟進另外一個供棄置麵團的盤中。排隊至法座前方的時候，眾人跪在墊上彎腰，主持法事的喇嘛會順序賜寶瓶甘露、以甘露淋於朝拜者頭頂、以孔雀毛象徵性地掃拂朝拜者身體，最後手持金剛杵置朝拜者頭頂。接受甘露時，應以雙手承接，喝進後吐在面前水槽中；以甘露淋頭和以孔雀毛掃拂，象徵除去病患、惡運、魔障等；持金剛杵置於頭頂，象徵壽元堅固。在儀式結束時，應

「瘋行者」的修行地洞

彌勒殿

按西藏傳統略作供養（供養隨意，無固定收費）。

　　雖然地處熱鬧的八廓街邊上，彌勒殿及巷內的幾座寺院，從來不是遊客慣到的地點，甚至不為漢族導遊所知道。到此一遊，會很有尋幽探秘的感覺。必須注意的是，除障法會雖然歡迎任何佛教徒參與，但不見得也歡迎遊客攝影；如果不準備親自參與儀式，不宜在該時段中攝影、隨意走動察看，否則容易引致參加群眾的強烈反感。

　　從彌勒殿出來，可繼續前往同巷內的財尊殿、貢嘎曲德拉薩分院和木如舊寺參拜。在彌勒殿和財尊殿之間有一道鎖著的古門，稱為「色拉後門」（即「色拉達果」）。在舊年代，一年一度的廣願大法會，會有來自三大寺的幾萬名僧人參與。為了控制人潮，各寺有固定的進退路線，此門即色拉寺僧人在法會期間進出大昭寺的專用門。這扇門實際上是大昭寺的後門，位於寺院佈局的中軸線上，正對大昭寺主尊等身佛背部。在門的後面，

▊ 懺祝法會的麵團

▊ 從彌勒殿向巷內走，圖左之門通往財尊殿等，圖右之紅門為出名的「色拉後門」

是大昭寺南、北二大廚房中的北廚房。舊年代舉行廣願大法會時，北廚房專責每天做飯兩次，每次兩大鍋，先提供給僧人，剩餘的分於民眾及佈施乞丐；南廚房則專責主要提供給老百姓的茶水。在色拉後門的旁邊、財尊殿的門前，有一家售賣自釀青稞酒的半露天店舖，經過時可順便見識土法釀酒過程。

▊ 土法釀酒

▊ 色拉後門

財尊殿
Dzambhala Lhakang

財尊殿位於八廓北街小巷內、色拉後門旁；從八廓大轉經輪、彌勒殿沿巷向內繼續走幾十公尺即達。

此座殿堂雖然極小，可是名堂卻很響亮。它與大昭寺背靠背，只是一牆之隔，原為木如舊寺建築群中之最早建築物，與大昭寺的修建屬於同年代（甚至有民間老話「先有木如，後建大昭」之說），至今已有上千年歷史，現歸木如寺管轄。

值得一提的是，此殿結構、佈局為吐蕃早期風格，因此為研究古西藏建築之海內外學者所重視。在

1990年代，國外的西藏遺產基金會曾在此作長時間的實地考察，並取得德國駐華使館資助，殿堂方得以重建。

在進入殿堂前，可向門外商販購買盒裝牛奶等供品。殿內中央供奉迦葉佛，兩側為八大菩薩和吉祥天母的一化相，再外側左為藏巴拉、財續母，右為多聞子、妙音天母，其中藏巴拉、財續母、多聞子均為賜財的本尊，妙音天母則為與文學、藝術有關的本尊。拉薩有許多寺院也供藏巴拉財尊，但此殿之財尊像卻深為舊年代商人等所信奉，成為特別知名的求財專門地點。據老拉薩人說，這是因為在所有拉薩

▌ 賜財本尊–藏巴拉

▌ 賜財本尊–財續母

財尊殿

的藏巴拉財尊像中，唯獨只有此尊是面露笑容的，看起來比較「好商量」。然而，現在殿中的佛像均為新造，似乎並無舊像的特徵。

除了以哈達、零錢供養以外，傳統上也可以牛奶供養藏巴拉，或以酒供養護法吉祥天母。朝拜者把買來的牛奶等交給殿中輪值的僧人，由僧人念經、倒進特製供皿內。如果需要塗金，亦可自備金子，與塗金師預約時間進行。

▌賜財本尊-多聞子

▌八廓財尊殿

貢嘎曲德殿
Gongkar Chode Branch Temple

此薩迦派小殿是機場附近的貢嘎曲德寺之拉薩分院,位於八廓北街小巷中的財尊殿樓上,從大轉經輪、彌勒殿沿巷向內繼續走幾十公尺即達。

此殿主要供奉稱為「婆羅門祜主」的一種瑪哈噶拉護法化相,據說甚為靈驗。朝拜此殿的傳統是,先在樓下請購草藥香束及酒,把香束投進樓上的香爐,然後進殿把酒交給負責的僧人,僧人會代為念誦並同時把酒倒在護法前的器皿內。

▌ 婆羅門祜主　　▌ 貢嘎曲德殿

木如舊寺 Meru Nyingpa

木如舊寺（「木如寧巴」；也譯為「木鹿寺」等）位於八廓北街小巷中；從八廓大轉經輪沿巷內進至巷子盡頭大院即是。

古代的木如舊寺，本包括現在的財尊殿、貢嘎曲德殿等整個大院，其中財尊殿更是寺院最早建築；在現代，各殿基本上單獨由不同寺院管轄（本書把原屬木如舊寺的財尊殿等單獨分章處理，此章「木如舊寺」介紹範圍乃指大院主建築）。

歷史上的木如寺不只長於歷史悠久（民間有「先有木如，後建大昭」之說），而且因作為拉薩政權官方神諭乃瓊寺（見「乃瓊寺」）的拉薩代表處而權傾朝野。在古代，歷代達賴喇嘛都必須一年一度到此，與神諭喇嘛會面。來自雲南、四川的馬幫、騾隊，多會在此處天井卸貨、落腳。後來，寺院更因擴展需要，而另建成老城區大昭寺以外最大的建築群──木如新寺（見「木如新寺」）。舊寺一年一度舉行的「瑪尼法會」，更是藏區的盛事，來自各藏區的許多僧俗雲集在此，共誦大明六字觀音真言一億遍，法會歷時多天，場面極為壯觀。

木如舊寺大殿坐北朝南，為三層建築，原與大昭寺、乃瓊寺均關係密切，曾有約百位僧人長住，主要修

■ 木如舊寺

誦寧瑪、薩迦、格魯儀軌，專責與乃
瓊護法相關之法事、儀式。現今的大
殿內供千手觀音、蓮花生大師、乃瓊
護法等像。殿堂樓上本為乃瓊護法
神諭喇嘛法座、辦公室等眾多房間、
分殿，大多現已棄用。從樓梯可步上
大殿的樓頂平台，俯覽整個八廓街
地區。從這裡，也可以看到相鄰的大
昭寺之金頂。

▌ 二樓的乃瓊護法殿

▌ 木如舊寺和大昭寺背靠背，從木如寺二樓能看到僅一牆之隔的大昭寺金頂

位於鬧市中的達布林臨街入口

達布林贊康廟
Darpoling Tsenkhang

　　達布林贊康廟（也譯作「塔巴林」）位於大昭寺的北面（偏東北）、八廓街東北角黃色小房子背後的菜市場內，要自己找到恐怕有點難度。幸好達布林在拉薩人人知道，隨便找個本地藏族老人問路應能最後成功到達。

　　從八廓街前往達布林，具體的走法是從大經輪對面的巷口走進到盡頭的沖賽康市場，右拐後直走穿過步行街，到了盡頭右拐後，右邊第一個門的門楣上寫著「吉日一巷41號」（從門外怎麼看都不像

是裡面有廟！），從這裡走進去就到了。

　　此廟據說由第一世達賴喇嘛（1391-1474）興建，而到了五世時，便歸南傑寺管理（至1960年代）。現今的達布林，則由色拉寺附近的一座格魯寺院管轄。可是，歷史上它也和桑耶寺有深厚淵源。

　　傳統上，西藏寺院大殿的佛壇會面對殿門，可是達布林的佛壇卻並不對著門外。在拉薩，據說只有兩座寺廟設計如此，一座是八廓北街大轉經輪隔壁的彌勒殿，另一座

達布林贊康廟佈局

西藏寺殿典型佈局

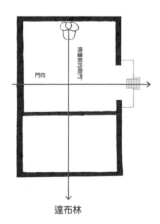

達布林

達布林贊康廟

正是達布林。

達布林主供的世間護法叫作「白氈神居士」，但目前沒有立體身像，而只供有一面護法的壁畫。在古代，這裡掛著一個皮袋（現已無存），這就是傳說中收集臨死的拉薩百姓最後一口氣的「氣袋」。每年，這個氣袋必須被送往桑耶寺的護法殿一次。同樣的皮袋，在噶瑪廈贊康也掛著一個（尚存）。

▌達布林

贊神：

所謂的「贊」或者「贊神」，是指一種兇猛的地方神。這裡使用「地方神」一詞，只是因為沒有更適當的稱呼而已。實際上，贊神（或者說很大部份的贊神）只是和我們一樣在六道裡輪迴的凡夫眾生而已，其中大多也可說本屬屬鬼類，後被佛教的高僧感化或強行降伏了，成為護持佛法的兇猛世間護法。他們並不是佛、菩薩等聖眾，也不是吉祥天母、瑪哈噶拉這類出世間護法，所以並不屬於佛教徒皈依的對象。對於世間護法，佛教徒並不皈依、頂禮，而只會適當地作一些供養和請求有關世俗方面的願望。

▌達布林佛壇

▌白毯神居士護法

圍繞大昭寺的四大贊康：

　　贊康本意是指供奉贊神的地方，然而叫作「贊康」的廟堂主殿，傳統上也還是供奉與各派寺院殿堂裡相同的祖師、佛陀、菩薩等像，主要分別只是贊康同時也祭祀贊神（或其他類別的世間鬼神）並以此為廟堂特徵而已。

　　歷史上的拉薩老城區裡，有無數稱為「贊康」的小廟，其中許多由家族私營，代代相傳。然而，這其中有四座勉強能算是同級別的廟堂，分佈在大昭寺的東、南、西、北方向，並列而被稱為「四大贊康」，與「四大林」、「 四方三祜主殿」、「 四大宮殿」等其他組合稱法呼應。這四座贊康廟分別是：大昭寺東面的噶瑪廈、南方的饒賽、西方丹吉林寺裡的紫瑪護法殿和北方的達布林。這四座小廟均為三層結構的建築，由格魯派重要寺院管理，而且都和桑耶寺的護法殿有淵源。

噶瑪廈贊康廟 Karmasha Tsenkhang

　　噶瑪廈是一座黃色三層結構的建築物,在大昭寺的背後方向。從地理上來說,它距離很容易找到的清真寺不遠。理論上,如果先找去清真寺,再從那裡問路找噶瑪廈,可能會更直接。可是,向在清真寺聚集的回教徒請教佛教寺廟地點,總讓人覺得不很踏實,可能還是從大昭寺周邊問路比較恰當。朝拜者可從八廓東街找人問路,在找對巷口後沿小巷往深處、林廓東路方向直走幾百公尺即達。(從八廓街前往,具體走法是從八廓東北角幡柱處入措納

巷走到盡頭的吉日一巷,此時右邊第一個巷口是和措納巷朝向相同的翁堆興
卡巷,從此內進走到盡頭,右手邊的黃建築物就是噶瑪廈的背牆了,再繞到
廟前方就看到入口)。

　　噶瑪廈是拉薩的四大贊康廟之一(另外三座為達布林贊康廟、饒賽贊
康廟和丹吉林寺裡的紫瑪護法殿),這裡本為噶瑪噶舉派管轄,廟堂的名字
「噶瑪」正源於它曾為15、16世紀歷代噶舉派噶瑪巴法王在拉薩的府第。後

▌噶瑪廈贊康廟佛壇

▌獨眼護法

▌氣袋

來，廟堂改由色拉寺昧院管理，文革後由色拉寺在1990年修復重開。

　　噶瑪廈護法是工匠行業的保護神。在歷史上，此廟香火鼎盛，而且特別為工匠、流浪藝人、乞丐等社會底層百姓所信奉。此廟主供的護法為獨眼的恰赤堅贊（也譯為「恰赤堅齊」），他和色拉寺昧院的不共護法塔烏有從屬關係。殿柱所掛的「氣袋」顯示此廟和桑耶寺護法的淵源。在舊年代，此皮袋也是要被每年送去桑耶寺護法殿一次的。

▌ 甘丹柱

🪷 甘丹柱 Ganden Tarchen

　　在八廓街的東南角，豎立著一根很高的旗桿。繞拜的朝聖者和路過的藏人，多會脫帽而從它的左邊繞過，老人更會邊合掌祈禱、邊以頭抵著柱墩致敬。這根旗桿就是甘丹柱（「甘丹塔欽」）。

　　甘丹柱和宗喀巴大師有很密切的關係。在15世紀初，大師在拉薩河南岸山上修建甘丹寺。由於工程浩大，需要一定的時間。在竣工的那天，大師不在山上，而是在拉薩市、大昭寺附近。弟子為了讓大師第一時間知道喜訊，便前來尋找大師。弟子到處尋找宗喀巴大師，結果在這八廓街東南角遇上了，便馬上匯報消息。大師知道了以後非常欣慰，頓把手杖插在地上，即時在路邊席地而坐念誦吉祥文。後來，大家便在手杖插地處豎立起這根紀念甘丹寺落成的旗桿，旗桿內裝藏著這根宗大師的手杖。在藏學前輩廖東凡先生著作裡，也提到了這根甘丹柱，可是典故細節有點不同。著作中的版本是：在1409年，宗大師興辦了第一屆廣願大法會，在八廓街東南角豎立了大旗。法會後，拉薩市在插旗處豎立了此旗桿，內裝宗大師手杖，以資紀念。由於年代久遠，

　瑪吉阿米餐廳

現在恐怕很難對傳說加以考證了。然而，無論哪個版本才真確，起碼可以確定，當初的旗桿乃為紀念格魯派創舉而立，而且裡面收藏了一根宗大師的手杖。

　　在旗桿的周邊，還有三個地方值得一提：一為角落上的黃房子，另一是牆上的天女浮雕，第三為順繞八廓街經東南角右拐後右邊第一座老房子。黃房子是當年第六世達賴喇嘛（1683-1706）曾多次微服私訪的飯館，現為在西方旅遊圈中頗為知名的瑪吉阿米餐廳（見「食衣住行在拉薩」）。牆上浮雕，則為流浪街頭的東蘇拉姆（見「大昭寺」）。在民間傳說中，她是大昭寺吉祥天母的女兒，喜歡終日遊手好閒到處遊蕩，後被母親驅逐，流落到街頭此角落靠乞討為生。來往的行人，會對浮雕牆撒上一把糌粑作為施捨。右邊第一座老房子，叫「拉讓寧巴」（或作「拉章寧巴」）。宗喀巴大師當年主持維修大昭寺和興辦廣願大法會時，便居住在此座房子中。實際上，這座房子也可說是相當於當時的廣願大法會組委會臨時辦公樓。

　東蘇拉姆牆

　宗喀巴於當年
　住錫的建築

南方三祜主殿
Southern Rigsum Gonpo Chapel

南方三祜主殿

南方三怙主殿在林廓南路，距離蒼空尼院西面不遠。步行前往的簡易方法有兩種，一為直接從林廓南路找（具體地址是林廓南路47號）；另一為從大昭寺廣場八廓南街問路，具體走法是在八廓南街接近盡頭處的滿齋賓館旁邊的吉堆巷步行街走進，至盡頭左拐入魯普一巷，走到盡頭右拐，順著路左拐第一路口為魯普六巷，沿此前行走到第一個路口是林廓南巷，此時看右

手邊就能看到三怙主殿，左邊走幾百公尺，則是蒼空尼院所在。

南方三祜主殿是甘丹寺的下屬分院，門口招牌寫著「南方三佑祜殿」，進口有一條轉經道，經過天井就是小小的殿堂。殿堂中央供奉長壽三尊和三怙主中的觀音、文殊，但卻沒有金剛手像。在殿堂樓上另有一個小殿，內供小的三怙主像。

朝拜完南方三怙主殿後，可往蒼空尼院參拜；對拉薩老建築有興趣或和赤江大師有傳承淵源的人，也可在三怙主殿門口往右走幾十公尺，順道參觀附近的老房子赤江拉章。

南方三祜主殿入口處

南方三祜主殿

赤江拉章:

「拉章」是「高僧邸所」的意思。在1959年以前,赤江拉章是現任達賴喇嘛的師長赤江大師的拉薩府第。

赤江仁波且(1900-1981,也譯作「墀江」),是格魯派近代宗師帕崩喀大師高足,生前任達賴喇嘛師長之職,乃派內最高權威長老之一。現今在世界各地傳揚佛法的眾多格魯派高僧大德,包括現任及上幾任的甘丹赤巴法王、祈竹仁波且、梭巴仁波且等,無一不是赤江仁波且的弟子或徒孫。

尊師重道是藏傳佛教的一個很關鍵的概念。在1980-1990年代,這裡雖淪為一個大雜院,住著各種各樣的人,然而來自世界各地、各種民族、不同膚色、不同語系的徒孫、曾徒孫來到拉薩,總會特地來這裡尋根。他們以自己的方式表達對師承的尊敬;或許是在門把上繫上一條哈達,或者是憑弔一下,甚或俯身頂禮。大院裡的藏、漢居民早已習以為常,不干涉,不理會。有時候,來此致意的白人或漢人,會在狹窄的巷子裡擦肩而過。雙方可能因為語言不同而無法溝通,可是心裡都會明白,能找到來這裡的外地人,多為對赤江大師有深厚感情的徒孫或曾徒孫一輩,互相會點頭示意。雖然只是萍水相逢、素未謀面,感覺卻毫不陌生,就像遇上了一個沒見過面的遠方異族親戚。

▌赤江大師當年的下馬石

▌赤江大師

■ 赤江拉章入口

　　2005年前後，這座老房子被
翻新，成為一座專門吸引老外的客
棧。在天井中央，仍然擺放著當年
赤江大師使用的下馬石。庭院是一
個露天的餐廳，門口正中放著一尊
蓮花生大師像。對拉薩老房子感興
趣的人，不妨到此參觀（個人來說，
對把聖像供在門口吸引遊客的行
為，卻是甚為反感的）。

■ 赤江拉章中庭

饒賽贊康廟 Rabsel Tsenkhang

　　饒賽贊康廟（也譯作「繞賽贊康」、「繞色贊康」、「拉卜色堅嘎」等）在大昭寺和八廓南街的南方。如果從南方三怙主殿出發，沿林廓南巷向東走，第一路口是清真寺，第二個路口是繞賽二巷，拐進繞賽二巷，左邊第一個巷口旁就是饒賽贊康廟；另外一種走法是在八廓街東南角，順行走過了瑪吉阿米餐廳和甘丹柱後，左邊第一個巷口是繞賽一巷（八廓南街6號店對面），從此巷走進到盡頭，看向面前的左邊，第一個房子是黃色的，這就是饒賽贊康廟了。

　　饒賽贊康廟是拉薩的四大贊康廟之一（另外三座為達布林、噶瑪廈和丹吉林寺裡的紫瑪護法殿），建於松贊干布年代，文成公主也曾經在此居住。在

▋ 饒賽贊康廟

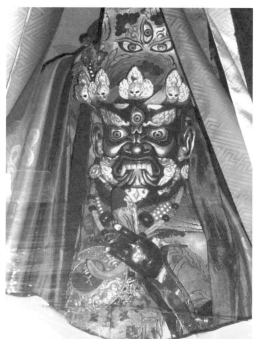

松贊干布的腳印

十二世達賴喇嘛（1856-1875）的年代，此廟交由色拉寺昧院管轄。

　　此殿以供奉龍族圖多旺秋而知名。主殿中央供奉宗喀巴師徒三尊、蓮花生大師、吉祥天母、扎基天母（見「扎基寺」）等的聖像。在這個中央的佛龕上，最左邊有一塊不起眼的石頭，這是龍族圖多旺秋的「魂石」。在石頭的右邊，另有一塊印有松贊干布足印的石板。殿中左牆上有一個護法龕，面向護法龕的時候，最左邊是獨眼贊神恰赤堅贊，中間是龍族圖多旺秋，右邊是色拉寺昧院不共護法塔烏。

殿中央供奉宗喀巴師徒三尊、蓮花生大師、吉祥天母、扎基天母等的聖像

饒賽廟供奉的龍神圖多旺秋

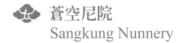

蒼空尼院
Sangkung Nunnery

　　蒼空尼院（也作「倉空寺」、「倉姑尼姑寺」等）在八廓街的東南方、林廓南路和八廓南街之間的林廓南巷中，和清真寺、南方三祜主殿、赤江拉章處於同一條巷上。朝拜者可以先找比較容易找到的清真寺，再沿路向西走幾百公尺，或從八廓南街問路直接走約十分鐘，路邊成排的黃色整齊建築物就是。（具體走法是在八廓南街接近盡頭

▌ 進入尼院中庭的走道（走道右牆上的仿唐卡風格防火教育饒富興味）

處的滿齋賓館旁邊的吉堆巷步行街走進，至盡頭左拐入魯普一巷，走到盡頭右拐，順著路左拐第一路口為魯普六巷，沿此前行達第一個路口是林廓南巷，此時左拐走幾百公尺，就是蒼空尼院）。

「蒼空」意為「地洞」。此寺因有松贊干布曾經修行的洞窟而得名。寺院本為男眾道場，後於15世紀由宗喀巴大師高足古覺東丹轉為尼院。此寺由歷代帕崩喀大師管轄，現有一百多位尼師長住修學。

在寺門左邊，是一個尼院經營的小商店，銷售尼師自己縫製的藏式門簾、僧衣、佛衣等。朝拜者經過一條走道進入寺院天井。在走道的右邊，有時會展示幾張以傳統唐卡風格繪畫的現代防火意識教育圖。

進了寺院天井，右邊是一角長期客滿的甜茶館。茶館由寺院尼師自己經營，非常乾淨，不少來往的

藏族香客走累了都喜歡在這裡喝杯茶、歇一會兒，生意很不錯。在左邊是寺院的廚房，同時也是寺管會接待來客、接受捐獻、承辦法事的地方。如果希望供養寺院或尼師，可在此處辦理。

在正前方，是寺院的大殿，內供千手觀音、度母等此寺主修的本尊，和其他格魯祖師、佛像等。在殿堂的左上角，有兩尊小的帕崩喀大師像，乃大師在世時自己看過的自身像，極為罕有。

據歷史記載，一千多年前松贊干布建造大昭寺時，拉薩河曾一度氾濫，對大昭寺工程構成直接威脅，松贊干布便在此地洞中祈禱、打坐，以禪定力強行令氾濫的河流改道。從大殿出來，隨藏族香客沿殿旁小徑走進，便是這個松贊干布修行洞。地洞深入地面約二公尺，內供一尊松贊干布像。

　　或許是女眾比較細心的緣故，此寺堪稱拉薩最整潔的寺院。地面乾乾淨淨的不見垃圾，天井長期種滿鮮花，很有點小資情調。離開前，不妨光顧甜茶館嘗嘗拉薩甜茶、西藏素包子，也算是對尼師自力更生的精神的一種支持。

▌ 松贊干布禪修洞

▌ 尼院自主經營的茶館

▌ 隨力供養、誠心求請，有時候能得贈
　薩迦寺出名的「降魔熏香」粉

拉薩薩迦寺 Sakya Temple

　　許多拉薩以外的著名寺院，譬如甘丹寺、敏珠林、色拉寺等，在八廓街附近都有其下屬分寺；大昭寺廣場南面的薩迦寺，正是薩迦派主寺的拉薩分院，以利益不能去本寺的信眾，同時也有點類似駐拉薩辦事處的作用。

　　拉薩薩迦寺就在八廓南街上，與西方三祜主廟相鄰，兩寺之間只有數步之隔。由於寺院藏在小巷深處，不易尋找。它的具體地址是頗章薩巴巷3號，走法是從八廓南街走到接近南街盡頭、位於大昭寺南側的滿齋賓館後，不沿八廓街右拐，而走進魯固路步行街，經過浪賽商場，沿路左邊第一個路口是頗章薩巴巷，從此走進巷內約兩個店面，在左邊就能看到寺院入口；另一種走法是從西方三祜主廟出門後右拐（如果面對三祜主廟入口，則為左邊），沿魯固路一直走到頗章薩巴巷口右拐進巷。這座建築物現在主要是民居，入天井後左邊樓上的一個小房間才是薩迦寺。

　　比起其日喀則的主寺，這座拉薩分院可能顯得不起眼。然而，在八廓街繞拜、轉經時或者是前往西方三祜主廟的途中，也不妨順道進去朝拜一下，表達尊重。此小寺也備有薩迦主寺馳名的降魔熏香，略為供養或嘴巴甜一點的話，不難求得。這種熏香其實不是香料，而以主寺修驅魔法時的食子所製，燃點時的氣味並不香，但據說對中邪、非人加害、附體等情況十分有效。

薩迦主寺：

　　薩迦寺位於西藏薩迦縣，建於1073年，是藏傳佛教薩迦派的主寺。

　　「薩迦」是藏語中「灰白土」之意。於1073年，吐蕃貴族昆氏家族的後裔貢卻傑布（1034-1102；薩迦派初祖貢噶寧布之父）發現此處土呈白色，有光澤，認為是吉祥之瑞相，即出資建起薩迦寺，逐漸形成薩迦派。薩迦寺用象徵文殊、觀音、金剛手的紅色、白色和藍色塗抹寺牆，所以薩迦派又被俗稱為「花教」。

▌ 帕崩喀大師在世時看過的自身像

西方三祜主殿 Western Rigsum Gonpo Chapel

西方三祜主殿位於八廓南街、魯固巷眾多商販攤中間，門面並不明顯，所以它雖然距離大昭寺只有五分鐘腳程，可是很不容易找到。從大昭寺廣場西南角的派出所開始，不斷友善地重複問人：「奴日松拉康卡巴唷咧？」，並堅定不移地相信它確實存在，便有可能終於找到。如果喜歡自己尋幽探秘，具體走法是從大昭寺廣場向西走至盡頭、和丹傑林路的交界處，左拐沿丹傑林路走至魯固路右拐進入市場，再走約五、六個店面的路程，找到左邊牆上有一個大牌寫著「奴日桑拉宮」後，從牌的下方小門進去，院內為民居，右邊小房子就是三祜主殿。

此三祜主殿的寺名牌上，寫著「奴日松貢布」，此即「西三祜主」的藏語音譯。

此殿規模極小，藏在雜亂的民居之中，由出名的直貢寺委派僧人值班管理（精確說，應該說是由直貢寺的下屬羊日崗寺所管理）。

主殿佛龕上供奉宗喀巴、無量壽佛、三祜主、佛塔等。主殿的樓上有一個小

圖上為入口上方的寺名牌
圖下為西方三祜主殿

配殿，裡面供奉了一尊很莊嚴的喇嘛身像，此乃直貢噶舉派的祖師吉天頌恭（1143-1217）。

　　西方三祜主殿與拉薩薩迦寺相鄰。有趣的是，在13世紀末，薩迦寺曾與直貢寺發生極大紛爭，支持薩迦派的蒙古軍人直搗直貢寺，導致寺主流亡、寺院幾近無存。可是在拉薩，薩迦寺的分院與直貢寺下屬三祜主殿，卻只有數步路的距離，和平相處。

直貢寺：

　　直貢派是噶舉派的一個支派，而位於拉薩東北大約一百多公里處、墨竹工卡縣直貢峽谷裡的直貢寺，就是它的根據地。它由吉天頌恭大師建於1179年，在西藏地方政治史和宗教史上曾經具有非常輝煌的地位，來此修行的僧侶曾有十萬餘眾，集會最多達十八萬的盛況。

　　直貢寺的天葬場，是全藏知名的。在直貢寺每年舉行的遷識大法會，每年吸引為數眾多的信眾前往參加，為西藏佛教裡的盛事。

▌ 西方三祜主殿內的三祜主像

▌ 樓上供奉的直貢噶舉派祖師吉天頌恭大師身像

丹吉林 Tengye Ling

　　丹吉林（亦作「丹傑林」、「丹結林」等）是拉薩的四大林之一（其他三座為策墨林、功德林、策覺林），也是拉薩五座攝政邸所之一（其他四座為策墨林、功德林、錫德扎倉、木如寺），其護法殿卻又屬於拉薩四大贊康廟之一（其他三座為達布林、噶瑪廈、饒賽）。它位於大昭寺附近的丹傑林巷，即藏醫院背後成片的民居之中（在大昭寺廣場對面的藏醫院問當地藏族路人即可），徒步可達，具體走法是在大昭寺廣場盡頭的丹傑林路（也叫「藏醫院路」）找丹傑林巷入口，進入丹傑林巷後再拐進第一個右邊路口，走到巷尾左邊就是丹吉林，巷的盡頭則為有名的光明商店甜茶館。

　　這座寺院由當時的攝政第六世第穆仁波且修建，曾獲乾隆帝賜名「廣法寺」，是四大林中最早的一座。

　　第穆仁波且世系（也譯作「第墨」、「德穆」等；亦稱「丹吉林呼圖克圖」），是西藏政治歷史上很重要的人物，曾三次任攝政之位，掌辦西藏政教事務，並獲封「呼圖克圖諾門汗」爵位及「靖善禪師」等名

丹吉林入口處（圖左為入口，圖右巷尾處為光明商店甜茶館）

▌ 位於二樓的殿堂

號。這個世系始自第一世第穆仁波且（1374-1453）；第四世第穆仁波且曾隨第五世達賴喇嘛進京覲見順治皇帝；第六世第穆仁波且任西藏的攝政，其後的第七世是第九世達賴喇嘛（1805-1815）的老師，亦任攝政；第九世第穆仁波且亦曾任攝政，後於歷史上著名的、撲朔迷離的「第穆事件」風波中，被指密謀以邪術加害第十三世達賴喇嘛而被逼黯然下台，鬱鬱而終。第十世的第穆仁波且的生平很有趣。他曾經接受最傳統的宗教教育，可是他顯然對宗教和政治事業興趣不大，後來還俗而成為了歷史上第一位藏族攝影家。在1972年大昭寺重修工程中，他曾經作為老一輩喇嘛而擔當

顧問的角色。在他的兒子中，其中有兩位相當有名氣，一為現任西藏攝影家協會主席的著名藏族攝影家旺秋多吉，另一位是在歐美國家弘揚佛法的知名大師格勒仁波且。

歷史上，丹吉林同時是桑耶寺和哲蚌寺的屬寺（並且也和薩迦寺有密切關係）。當年建築規模相當宏大，並曾供奉與哲蚌寺密院著名大威德像相同大小的本尊像，後歷經數番政治變化，現在的寺院只剩一棟建築物。

由於第一世第穆仁波且與紫瑪護法（或譯作「贊瑪熱」、「孜瑪熱」、「則瑪熱」等）的淵源，這位桑耶寺的主要護法，一直以來也是丹吉林的主供護法。來到丹吉林，除了參拜藍色身體的本初佛、蓮花生大師、龍欽巴、吉美林巴、赤松德贊等像以外，也可以看看殿堂中央的紫瑪護法（由於這是世間護法，佛教徒一般不作頂禮、至心皈依，而只會對其供養）。在早上，紫瑪護法面前會有很長的香客隊伍，他們把酒交給護法像前的僧人，請僧人

當場代為供養。在護法前面較遠處的一個長條形桌子上，也有供酒的器皿，供香客自行灑酒供養。

　　有關紫瑪護法，頗有點有趣的典故：紫瑪護法原為古印度一位僧人（有另一說為新疆的一位本來潛心向佛的王子，或說出家為僧的太子），一次他遇到了一位中了蛇毒的王妃（新疆版本中為公主），便救了王妃，傳說王妃感激涕零，便親吻僧人雙腳，導致僧人被不明就裡的臣子誣蔑為與王妃有染而被判死刑（在新疆版本裡，太子因為用口為公主吸吮毒血而被誣蔑與公主有染）。僧人懷著極深的怨恨死去，化為殘暴的厲鬼到處作害。在很多年後，厲鬼遇上了進藏弘法的蓮花生大師，被大師所折服，從此成為桑耶寺的主要兇猛護法之一，嫉惡如仇，並被任命主管西藏百姓的生死，自此就被稱為「紫瑪護法」。據說，曾經有一次，桑耶寺的藏族、蒙古僧人之間發生了紛爭，因

■ 紫瑪護法

■ 殿柱上掛著的護法面具

此蒙古軍人打進桑耶寺為本族僧人討回公道，並把其紫瑪護法像丟進沸騰的油鍋裡。因為這個原因，傳說此護法不很喜歡蒙古人。在某些寺院的法會裡，每到念誦至這位護法的相關祈禱內容時，蒙古族的僧人都必須避席離開。

順帶一說，寺院隔壁是光明商店甜茶館（見「食衣住行在拉薩」）。有興趣的讀者，正好順道進去叫一杯拉薩甜茶，歇歇腿，體驗一下真實的拉薩風情。

桑耶寺：

這座有「西藏第一座寺」美稱的寺院，位於西藏山南扎囊縣雅魯藏布江北岸，距澤當鎮約四十公里。

桑耶寺於公元762年開始興建，寺院選址於藏王赤松德贊的出生地附近，由蓮花生大師主持建設，建築依靜命大師（705-762）的設計，赤松德贊親自主持了奠基，又剃度七名貴族子弟出家為僧。這七人因而成為西藏第一批本土的住寺僧人，後被委任為講經的規範師，被後代奉為藏傳佛教的先驅，聲名顯赫於佛教界和西藏的歷史，史稱「桑耶七覺士」。因此，桑耶寺成為了藏傳佛教史上第一座「佛、法、僧」三寶俱全的寺廟。

u

PART5

林廓–外轉經路及附近朝聖點

外轉經路稱為「林廓」；從布達拉宮背後
龍王潭算起，經林廓北路、林廓東路、江
蘇路，轉至藥王山背的千佛崖，再經德吉中
路、北京中路、林廓北路西段，回到林廓北
路的龍王潭。

「林廓」沿途朝聖點有布達拉宮、龍王潭、
千佛崖、功德林和關帝廟；其附近主要朝聖
點還有魯普巖寺、唐東傑布廟和扎基寺。附
近的羅布林卡也是值得參觀的熱門旅遊點。

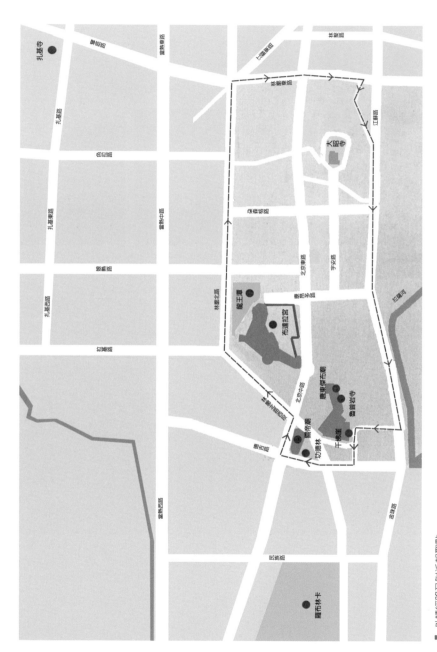

扎基寺

扎基路

扎基東路

扎基西路

色拉路

娘熱路

拉魯路

奪底路

奪底東路

魯普路

羅布林卡

民族路

林廓北路

龍王潭

布達拉宮

唐吉路

北京中路

林廓北巷子小路

北京西路

唐古拉路

丹傑林

功德林

唐東傑布廟

魯管岩寺

千佛崖

關帝廟

金珠路

江蘇路

拉薩河

學安路

北京東路

朵森格路

林廓東路

林廓東巷

上鹽倉路

大昭寺

林聚路

▌宮殿由上部的紅宮、下部的白宮組成

布達拉宮

🏵 布達拉宮 Potala Palace

布達拉宮在市內北京東路、紅山之上，從老城區走路或搭計程車都能到。如果身體狀況良好，建議步行前往，或在參觀前後沿傳統的「孜廓」路線（見「如何朝聖」）沿山腳繞拜一圈，從不同角度欣賞這座宏偉建築。

在近幾年，布達拉宮售票制度有較多改變，目前（2011）是憑身份證預訂隔天門票，限人次、限時參觀，而且制度在不斷更新，宜提早詢問最新購票資訊，以免向隅。

這座有一千三百多年歷史，集寺院、政府行政機關、宮殿於一身的古建築，是世界上海拔最高、規模最大、保存最完整的宮堡式古建築群。它由松贊干布於7世紀始建，經第五世達賴喇嘛等歷代擴建，成為現今所見規模，被聯合國文教組織列入「世界文化遺產名錄」。

「布達拉」是梵文「普陀珞迦」的變音。在佛經中記載，普陀珞迦是觀音大士的淨土。由於布達拉宮居住著被視為觀音化身的歷代達賴喇嘛，又供奉了極為神聖的一尊聖觀音像，「普陀珞迦」乃理所當然的命名。在世界上，同樣被尊為觀音居所而命名「普陀珞迦」的共有三處，即漢地浙江普陀山、南印度的普陀山，和拉薩布達拉宮。

宮殿由上部的紅宮、下部的白宮組成；前者主要為宗教殿堂，後者乃昔日達賴喇嘛的宮殿和政府辦公機關。宮殿兩邊的半圓形延伸建築有一個有趣的傳說，相傳這半圓形建築是捲起來的一雙翅膀；在末法時期，大地將會被大水淹沒，屆時翅膀便將展開，整座宮殿便會凌空飛走。

布達拉宮規模很大，有逾千殿堂，對外開放的部份不多，而且常有變動，此處只能依照慣常開放的參觀路線介紹一下其主要殿堂（如被安排從山後進入參觀，路線則與此處所列相反）：

白宮：

從山腳沿階梯走上來，先會到達白宮入口。白宮主要為達賴喇嘛起居室和政府辦公機關。自五世賴喇嘛從哲蚌寺搬進布達拉宮後，這裡一直是歷代達賴喇嘛的宮殿。在入口處有幾級木梯，分為左、中、右三排並列，中間的木梯是歷代達賴喇嘛專用的。進入後，能看到左牆上的塗金掌印，此乃五世達賴喇嘛手印。

白宮的主要參觀、朝聖地點是東大殿和東、西兩座日光殿。

東大殿

東大殿是歷代達賴喇嘛登座、坐床處，乃白宮主殿。殿內懸掛著的「振錫綏疆」牌匾和寶座特別值得注意；前者是清同治帝御筆，後者與甘丹寺原有的甘丹赤巴寶座，是全藏最大的兩個法座。

東、西日光殿

位於白宮頂層，採光及景觀極佳，是第十三、十四世達賴喇嘛起居室。

紅宮：

紅宮開放供遊客參觀的殿堂有十九座（部份只對團隊參觀者開放）。

彌勒殿

進入紅宮部份，首先會來到彌勒殿，殿中之彌勒佛像裝藏有阿底峽祖師部份舍利、彌勒大士的一位人間化身之舍利骨等無數稀有聖物。

█ 達賴喇嘛起居室

布
達
拉
宮

■ 紅宮各層平面圖

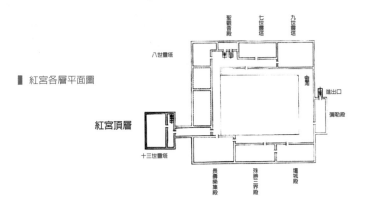

聖觀音殿　七世靈塔　九世靈塔

八世靈塔

進出口

彌勒殿

紅宮頂層

十三世靈塔

長壽樂集殿　殊勝三界殿　壇城殿

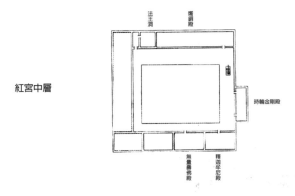

法王洞　闍鵬殿

紅宮中層

時輪金剛殿

無量壽佛殿　釋迦牟尼殿

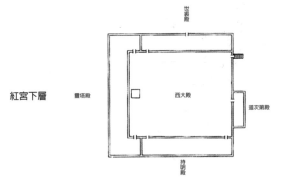

世襲殿

紅宮下層　靈塔殿

西大殿

道次第殿

持明殿

聖觀音殿（階梯上的牌匾乃清道光帝御筆）

壇城殿

供奉七世達賴喇嘛（1708-1757）年間所造之密集、勝樂、大威德金剛此三位主要密宗本尊的立體壇城宮殿。

殊勝三界殿

此殿為紅宮最高殿堂，原為金瓶制籤舉行地點（此儀式後改於大昭寺進行），供有康熙皇帝長生祿位，並存有製作極為精美的「大藏經」。

長壽樂集殿

此處供放六世達賴喇嘛寶座及一千尊無量壽佛像。

十三世靈塔（有時並不對外開放）

此靈塔名為「妙善如意塔」，高十四公尺，塔身以五百八十九公斤純金製成，其前方之曼達供具由二十萬顆珍珠編成。

八世靈塔

此靈塔名為「妙善光輝塔」，塔身以八十七公斤純金製成。

聖觀音殿

此殿與法王洞同為布達拉宮最早建築。這是布達拉宮最神聖的殿堂，內供觀音聖像。殿前有三排階梯，中央一排供歷代達賴喇嘛專用。階梯上的「福田妙果」牌匾，乃清道光帝御筆。

殿中的觀音聖像來自尼泊爾。據歷史記載，此尊觀音在一棵檀香樹的樹心中自然形成，並非人造。從松贊干布年代開始，這尊特殊的觀音已經是布達拉宮的鎮宮之寶。歷代達賴喇嘛每在出行、返回時，必在此觀音前供奉哈達，祈禱順利。每年夏天，聖像會被移至宮頂，面對河流，以防止河水氾濫成災。

名為「妙善如意塔」的十三世尊者靈塔

在燃燈節期間，歷代尊者亦須依循傳統親手對其供養千燈。

　　此外，聖觀音殿亦供奉蓮花生大師、宗喀巴大師及過往達賴喇嘛以神通留在石上的足印。

　　聖觀音殿提供代為塗金服務，約需幾百元（不必自攜金子），有需要的信眾可向負責的僧人詢問。

七世靈塔（有時並不對外開放）

　　此靈塔名為「吉祥光芒塔」，塔身以四百九十六公斤純金製成。

九世靈塔

　　此靈塔名為「三界喜悅塔」，塔身以一百七十二公斤純金製成。

時輪金剛殿

　　時輪金剛是密法主要本尊之一。此殿供奉時輪金剛立體壇城、本法門歷代傳承祖師像、歷任香巴拉淨土國王像等，並供蓮花生祖師像。

▎蓮花生、宗喀巴等大師以神通留在石上的足印

▎布達拉宮鎮宮之寶–聖觀音

釋迦牟尼殿

　　主要供奉釋迦牟尼佛及八大菩薩弟子像。

無量壽佛殿

　　主要供奉九尊無量壽佛、綠度母、白度母像等。

法王洞

　　法王洞與聖觀音殿為布達拉宮最早建築。此處原為松贊干布修行處，後供奉松贊干布、赤尊公主、文成公主及發明藏文的吞米桑布扎身像等，並保存了松贊干布使用的爐灶、石鍋。在法王洞隔壁的小空間有一座小白塔，標誌著整座布達拉宮的中央位置。

響銅殿

　　展示一千多尊收集自藏傳佛教各宗派的珍貴響銅佛像。

西大殿

　　這是歷代達賴喇嘛舉辦法事的主要地點，殿內懸掛的「湧蓮初地」牌匾乃乾隆御筆。

道次第殿

　　供奉菩提道次第歷代傳承祖師身像。

▌ 西大殿（「湧蓮初地」牌匾乃乾隆御筆）

▌ 名為「世界第一莊嚴」的第五世尊者靈塔

持明殿

供奉蓮花生祖師的八種化相。

靈塔殿

第五世尊者靈塔名為「世界第一莊嚴塔」，接近十五公尺高，塔身以三千二百七十公斤純金、近兩萬顆珍寶製成，其內藏有舍利、聖物無數。此塔之珍貴程度，被譽為「堪抵半個世界」。

五世塔兩旁為十世靈塔及十二世靈塔；前者名「欲界莊嚴塔」，後者名「壽施光芒塔」。

世襲殿

此殿供奉第十一世達賴喇嘛（1835-1855）的「利樂光芒塔」、五世尊者及釋迦牟尼像。由於第五世達賴喇嘛的特殊地位和豐功偉績，此殿之五世尊者銀像與金製釋迦牟尼本師像大小相等，平坐於相同高度的兩個相連法座之上，乃極為罕見的聖像設計。

在朝拜布達拉宮後，如果來的時候沒有繞拜，可於離開前隨藏族香客沿山腳繞行一圈，順道前往龍王潭。附近步行可達範圍內的朝聖地點尚有功德林、關帝廟、魯普巖寺、唐東傑布廟、千佛崖等，正好一併朝拜。

▋ 紅山腳下的小尼院

從藥王山遠眺紅山（三座白塔及鐵索把兩山龍脈接上）

拉薩的三座山

拉薩市是個平原，其內有三座山丘，即紅山（「瑪波日」或「瑪布日」）、 磨盤山（「巴瑪日」）、藥王山（「查波日」、「夾波熱」、「加布日」或「加波日」，意為「鐵山」）， 它們分別代表觀音、文殊、金剛手三祜主（見「西藏小百科」）。

布達拉宮位於紅山上，它對面的山是藥王山。按照古西藏風水說法，紅山是虎，藥王山是獅，兩者尾巴相連，屬同一條龍脈。後來，龍脈被人為切斷了，金城公主用鐵索把兩個山丘連接，象徵重新接脈（據說，當初龍脈也是金城公主故意切斷的）。到了再後代，建立了三座白塔在龍脈斷處，兩山丘有鐵索與塔頂連接。中間的大塔，下能通行人畜，成為了拉薩的西城門。在1959年後，為了擴寬馬路，舊塔被拆；到了1995年，三座佛塔被重建於原處，龍脈又再次被接上了。

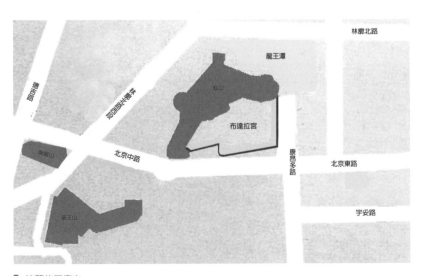

拉薩的三座山

大小相等的五世尊者銀像與釋迦牟尼金像平坐於同高度相連法座之上

龍王潭

Dzongyap Lukhang

龍王潭,藏語稱「宗角祿康」,即「城堡背後的龍廟」的意思。它位於布達拉宮背後的宗角祿康公園裡。

龍王潭實際上指整個公園,其中央有一個人工湖,乃因當年挖土興建布達拉宮而成。從湖邊有一道橋,通往湖心的人工島,島上是一座三層高的八角琉璃殿,此即龍廟。此殿是第六世與第十三世達賴喇嘛的閉關靜修處。廟內供奉有龍尊王佛、獅吼觀音,還有圍繞著獅吼觀音呈恭敬狀的八大龍王像等。三樓殿堂裡的壁畫尤其罕見(甚至有些西藏學者認為是全藏唯一),上繪印度八十四成就者、「中陰解脫經」所描述的文武百尊及教授寧瑪派大圓滿教法、無上密法圓滿次第裡的氣脈和內火瑜伽等那洛六法的圖像。

這座湖心的龍廟,大概建成於第五、第六世達賴喇嘛年代。有關它的建立,有許多美麗的傳說,其中一說是:在從前,拉薩以東有一位龍女,她因為受了蓮花生大師的點化而信奉佛法,更曾以神通幫助

■ 龍王潭

桑耶寺、直貢寺的最初修建，可說是對藏傳佛教早期的
弘揚有很大貢獻。在大昭寺建成後，她常常幻化為人前
往朝拜等身佛。一次，五世達賴喇嘛在破曉時分從布達
拉宮眺望，無意中看到了捲縮在樹上的龍女。尊者因為
知道了這位貢獻很大、信仰虔誠的龍女，來拉薩朝拜時
竟然無處安身，便決定在湖心為她建廟。據一些學者
考證，尊者在生時似乎並未能完成此心願，湖心廟結果
是由其代表和第六世達賴喇嘛陸續建成的；另外一種
傳說是：原居布達拉宮背後的龍王，因當年挖土工程破
壞了居處，便對五世達賴喇嘛表達不滿，尊者遂承諾在
湖心建龍廟以供龍王棲息云云。

　　龍王潭公園既有龍廟可供參拜，同時也是以景色
優美著稱的園林；在繞拜布達拉宮的時候，正好中途順
道參觀。

■ 龍尊王佛

龍和龍族

　　古印度、佛教文化中，早有作為一種具有神
通力量的畜牲龍族的信仰。在梵文中，這種傳說
中的動物稱為「那伽」（Naga），乃佛教所說的
天龍八部之一。正因其神秘性，日本漫畫、電腦
遊戲中偶有見以Naga為名的虛構角色；北京則
有一個天價樓盤叫作「Naga上院」。

　　龍族和蛇類、水族有關，牠是一種一般住水

■ 獅吼觀音左右各有
　四尊跪著的龍神

裡的畜牲，譬如河、海、湖泊和井裡，但也有住地裡的。龍族喜歡寶貝，甚至會守護有財寶、礦和伏藏的地方。佛教歷史上記載，龍樹祖師就曾在龍宮取經和轉經輪。雖然牠們只是一種畜牲，可是卻有一定的神通力量，譬如降雨、幻變為人等等。在龍族發怒的時候，牠們有能力加害人類，大至令地區不豐收、天不下雨、井或河流變乾等等，小則導致人類中毒、生病。佛教認為龍族有一定的智商，而且也有信佛的，佛經裡就常有說及龍王聽經的典故。龍族，在藏語中稱為「祿」（亦寫作「魯」）。在圖像裡，一般把龍族畫為半人半蛇相。

漢文化裡的龍的形相，在西藏卻是另一種稱為「竹」（Brug）的神秘動物。龍和龍族雖同屬畜牲類，實際上卻是截然不同的兩種畜牲道的眾生。

在漢文化裡，龍和龍族的概念混合為一體，牠們有著傳統上龍的形相，可是卻同時具有龍族的特徵和能力，譬如能降雨、具備和人類相似的性格和智商、喜歡守護寶藏（例如「封神榜」裡和哪吒交惡的海龍王）、能自由變化身體（例如「西遊記」裡唐僧的馬、「白蛇傳」裡的白素貞）等等。

 魯普巖寺

魯普巖寺
Palhalupuk Monastery

布達拉宮位於紅山上，它對面的山是藥王山。魯普巖寺就在藥王山接近布達拉宮那頭的山腳。在北京東路、兩山之間的大白塔處有一條小路（路口有收費的觀景台，是攝影布達拉宮的其中一個最佳地點，從這裡用個山寨手機都能拍出得獎作品水準的照片），沿此路走進去約三分鐘即達（中間可順道參觀山腳的唐東傑布廟和雕刻佛像、瑪尼石的工匠作業或採購紀念；拍

照會被要求付費）。

魯普巖寺也稱為「查拉魯普巖寺」（「魯普」的意思是「龍族之窟」；有些漢文資料裡也譯作「巴日盧古寺」）或「石窟龍寺」。它是拉薩唯一的石窟寺院，為早期的支提式窟型（參見「西藏小百科」）。

此寺是公元7世紀藏王松贊干布為其五妃所建五寺之一（魯普巖寺乃為木雅妃而建；其他四寺為大昭寺、小昭寺、帕崩喀寺、扎耶巴），位於石窟之內，距今已有一千三百多年歷史。據說，這也是松贊干布和漢、尼兩位公主夫人閉關修行處。

這裡有兩座寺院建築，一為黃色，一為白色。一般先進入黃樓，參拜後才進白樓，才符合傳統的順繞方向。此處所謂的「寺院」，其實幾乎就只是一面把山體洞口蓋著的牆而已，一進入就已身處石窟內了。

黃色建築裡有一個石洞，裡面有一尊尼泊爾公主像。此處石壁有縫通往隔壁白樓。相傳在一千多年前，松贊干布會在白樓石窟修行。

在有需要召喚侍者時，他會在白樓敲石作聲，聲音通過石縫，讓靜待在此處的侍者聽到。在石洞的旁邊和樓下，各有殿堂，裡面供奉著新造的祖師、佛像。

白樓裡也是一個很小的石窟。一千多年前，這裡本來只是一面石牆，上面是一尊神奇地自然浮現，半露出石面的佛像。松贊干布用同量的鹽巴交換，聘人在天然佛像背後鑿出了通道，成為了現在中間為石柱、通道圍繞的格局，石壁刻上了從吐蕃年代到清代不同時期的數十尊浮雕佛像。中央石柱上的主尊，正是那尊半露出石面的神奇釋迦牟尼像（其外側為觀音和彌勒菩薩立相，內兩側為佛的二大弟子舍利弗和目犍連；許多漢文旅遊資料介紹為釋迦牟尼的另外兩個弟子迦葉、阿難，實為錯誤）。據很多老僧人說：這尊中央的釋迦牟尼像本由石洞牆上自然浮現出來，而且每年向外浮現出多一點。相傳預言因為末法時期的眾生並無福德因緣見得大昭寺的佛陀等身像，等身像將會沉入地下湖底為龍族所擁有，而由於佛的悲心，魯普巖寺這尊自現石佛像自然化現替代大昭像，以讓未來的無緣眾生仍有機會積集少許見禮聖像的功德；至石像全身浮現出來的一天，便是大昭等身像沉入地下之時。家師祈竹仁波且幼年曾住拉薩，他清楚記得當年石像的耳朵仍未完全露出石面。在四十年後(1997)他舊地重遊，驚歎石佛的確比前突出了許多。

除了頂禮、獻哈達、給供養以外，此殿也提供金汁書寫祈禱紙條服務。此外，進殿的階梯下有燈房，提供點燈服務。

如果剛才進寺路上沒去唐東傑

▌ 石窟裡的尼泊爾公主像

布廟，離開時可沿路順道參拜。唐東傑布廟雖不是拉薩重要寺院，可是反正要路過，而且這類小廟多為很虔誠的幾個僧人或尼師在重新開放信仰自由後自己發心重建的，並沒有政府資助，也沒有靠旅遊、商業幫補，只是幾個出家人在苦苦經營，作為佛教徒很應該支持一下。

▌ 天然形成的佛像

▌布達拉宮紅山東角供奉的唐東傑布大像

唐東傑布廟
Tangtong Gyelpo Temple

　　唐東傑布廟在藥王山腳、魯普巖寺隔壁，是從北京東路、布達拉宮和藥王山之間的大白塔處小路走進魯普巖寺的必經之地。順道把兩寺一併參拜，是比較好的選擇。

　　唐東傑布廟雖不是拉薩重要寺院，可是參拜魯普巖寺時反正要路過，而且考慮到唐東傑布這位傳奇人物和西藏歷史、文化有不可割裂的關係，所以值得在本書裡介紹一下。

　　唐東傑布與宗喀巴是同年代的人，生於1385年，卒於1509，享年一百二十四歲。他是一位香巴噶舉派（四大教派中噶舉派的支派）的在家居士。他窮一生到處建寺、修橋，同時也是藏戲文化的發明者，而且還是一位名醫。在他的一生中，足跡遍佈西藏，並曾遠赴漢地及印度。

　　唐東傑布年輕時便曾發下大願，要在各地建立一座座的大橋，以方便來往的僧俗大眾免於渡河的危險（有說當初他是因為被船夫欺負而在大昭寺發願到處造橋的）。為了倡建大橋，他到處流浪，宣傳造橋功德和自己的理念，可是卻被當時的人視為瘋子、理想主義者、幻想家。為了化緣，他在八廓北街當時新建的四門塔下露宿整整一年，成為這座後世著名的大塔之最初居民之一。他在白天對來往的行人募化、宣傳，晚上則對信眾開示佛法。在寒冷的冬天，他在塔前挖

▌廟內主供的唐東傑布身像

洞，自己埋在洞裡，只露出頭部，無視別人的嘲笑，冷眼觀察著這繁華世界來來往往的眾生相。為了提倡造橋理念，他發明了藏戲，到處流浪演出，以戲劇的形式宣傳造橋功德，勸導有錢出錢、有力出力、有鐵出鐵。慢慢地，許多僧尼、窮人、乞丐被他的宏願所感動，自願追隨加入建橋的行列。因為他幾十年的努力，遠至康定的無數藏地江河上，出現了一座座的鐵索橋（似乎至今尚存為數不多幾座）。

作為提倡並親自參與建築者，唐東傑布被視為西藏建築業的代表性人物，被稱為「鐵索橋喇嘛」；凡在有橋的地方，多供有他的身像。作為藏戲的發明人，他被視為此行業的祖師爺（相當於唐明皇之於京劇、華光之於粵劇）；藏戲從業者至今仍自稱「唐東後代」（藏語「唐東博魯」），而且每在開場時，傳統上皆必讚頌唐東傑布的功德。作為一位大夫，唐東傑布發明的兩條古藥方，至今尚被藏醫所採用。

位於藥王山腳的這座小廟，本來並非為供奉唐東傑布而設，而是由他親自建立、原供無量壽佛和三祜主的廟堂。在後世，寺廟裡便供奉了他的身像。此廟現由幾位尼師管理。

唐東傑布的形像，一般是一個束著長長白髮、面露歡容的老人。在唐東傑布廟堂中央，供奉的便是這個形像。而在布達拉宮所處的紅山東角，也供奉著一尊同樣形像的大像，路人沿北京路經過布達拉宮大塔時仰視即能看到。

唐東傑布在西藏被視為聖人。然而與其他高高在上的高僧大德不同，他和老百姓的日常凡俗生活有著更密切的關係。在不反對他的神聖性之前提下，與其稱他為「聖人」，不如稱他為西藏歷史上的一位偉人、奇人或許會更為貼切。

▍朝聖者可請工匠雕刻佛像置於山腳

藥王山千佛崖
Sanjia Gudong

　　所謂的「千佛山」或「千佛崖」，並非單獨的一座山，而是指藥王山的背後東南面。從布達拉宮廣場大白塔，向西沿羅布林卡路繞著藥王山走（三輪車可能是比較理想的選擇），左轉進入德吉南路繼續走沒多遠有個巷口（巷口隔馬路的對面是上海大廈），從這裡走進去三分鐘即達。從布達拉宮廣場算，全程走路需要半小時。搭計程車去的人需注意：這裡不是旅遊點，大多漢族司機都不知道，藏族司機卻又聽不懂「千佛崖」，所以必須對漢族司機說去德吉南路上海大廈，遇上藏族就說去藥王山的「桑傑古東」。

　　如果從布達拉宮出來，可以先去魯普巖寺，然後往千佛山朝拜，再繼續前往就在附近的功德林、關帝廟，最後繞往布達拉宮背面的龍王潭。

　　千佛山的摩崖石刻，是拉薩大轉經路（「林廓」）的必經之地。早上轉經的老人路過此地時，會稍作停留，頂禮摩崖上的許多佛像。

　　這處室外景觀，最初是因為7世紀的藏王松贊干布在此地幻見觀音、度母等的形像在光芒中自然顯現，便命工匠在山壁上刻出同樣的佛像雕刻（另有一說為14世紀貴族多仁班智達最初出資雕刻）。千百年來，後人不斷在同處增刻佛、菩薩像。久而久之，千佛山的摩崖石刻就越來越多了。雖然「千佛」之名只是一種形容，實際上大概也沒有人仔細數過，可是山壁上大大小小的佛像，很可能接近甚至超過千尊（整座藥王山則有超過五千尊佛像石刻）。

　　在西藏習俗裡，如果家裡有人往生，家人會聘畫匠畫一張唐卡佛畫，以替亡者積集功德。財力無法負擔的人，便會來此地為已經在山壁上的現有佛像重新塗色，權作代替。

　　成百上千的不同佛像，色彩鮮艷，佈滿整個山壁，蔚為奇觀。佛教朝聖者來到這裡，正好誠心頂禮千佛（山壁正前方有為方便朝拜者而設的拜佛台），或在其前方燈房裡安排

▍唐東傑布

千佛崖

供養一燈、百燈、千燈等，以懺淨罪障、集聚功德。對攝影愛好者來說，這裡也是拉薩其中一個最美的地點，奇怪的是多年來幾乎從來沒看到有漢族朝拜者、遊客、攝影愛好者到臨（由於遊客稀少，負責收門票的僧人往往不站崗，愛理不理）。

佛經開示：造佛有種種廣大的功德，如罪過消滅、吉神擁護、不受瘟疫等災、夜叉惡鬼不能侵犯、衣食豐足、福祿綿長、病者轉健、永離惡道、常得見佛聞法及速得成佛等等。然而時至今日，出於文物保護，這裡的負責僧人似乎不太歡迎信眾直接在石壁添刻佛像了。朝拜者可以在門口處挑選投緣的、預先刻好的石板佛像，或在魯普巖寺前找石刻工匠說好價錢，讓工匠在石片上刻上朝拜者要求的佛像，送到負責僧人手裡。石刻佛像工錢並不高。2009年聘人雕刻一塊三十乘六十公分的石板佛像並塗上顏色約為三百元，圖案比較複雜的本尊可能酌量加價。在定做的時候，必須清楚說明所要求的佛像、本尊（自帶

圖片留下更佳）。談好價錢後，切記先與負責僧人說好安排。這裡的僧人性格往往是外冷內熱，只要耐心懇求，一般都能如願。刻像大概需要兩、三週。在工匠刻好石佛後，自然會代為轉告僧人，並把佛像石板供在山崖上的角落，成為藥王山千秋萬代的信眾們千百尊頂禮對象之一。

從千佛山往裡走，會看到一座獨立的、石版堆砌而成的半完成大塔。在這個角落，長期能看到十來個工匠叮叮咚咚地鑿著石頭，把「大藏經」裡的內容，一字一字地刻在平扁的石片上。整座大塔，就是用這樣一塊一塊的經文薄石片堆砌出來的，包含了每一句佛經文字。佛經有說：繞拜由佛說經文組成的經塔一圈，已能累集不可思議的無量功德。所以不難想像，這個塔的周邊，長期有藏民在以頂禮或繞拜的方式致敬。

這個浩大的工程，由一位外地朝聖者始建。這是一個西藏現代版的愚公移山故事：十多年前，來自青海的道登達瓦用了兩年，從家鄉一步一拜地拜到了拉薩。在朝拜完所有寺院後，他突然決定：「我哪兒都不去了。我要在這裡建一個經塔！」從此，道登達瓦每天在藥王山化緣。十多年來，他風雨無阻地坐

圖上為工匠雕刻經文
圖下為刻上經文的石板

■ 大藏經塔發起人道登達瓦

在山腳下，接受一毛一毛的零錢，
同時指導工匠雕刻。十多年來，經
過的香客，無一不被他的堅毅精神
所感動。在這裡，每天都會看到以
下的情景：香客在路過的時候，會

■ 大藏經塔

■ 千佛崖山腳售賣的小泥佛像

哈腰致敬，然後在破舊的化緣紙盒
中輕輕留下一張皺皺的零錢。這時
候，道登達瓦會對香客微微點頭示
意。雙方都不說話，空氣中就只有
工匠叮叮咚咚的鑿石聲。就這樣，
一天一天，一毛一毛的零錢，一頁
一頁的佛經被刻成石片，一片一片
地疊起來，成為了現在所見的這座
巨型經塔。如果來到這裡，朝拜者
可以繞塔祈禱。這是我們對「大藏
經」的敬禮，同時也是在向這個經
塔所代表的精神敬禮。

　　在離開千佛山前，別忘了看看
門口的小攤。這裡售賣以傳統方法
壓制的泥佛牌和小塔、石刻佛像
等，種類繁多，價格也不貴。

通往功德林的小巷

功德林

🌸 功德林 Kunde Ling

　　從磨盤山腳、北京中路和德吉中路交界左轉往裡走沒多遠，能看到一個不起眼的巷口（2009年註：沒有寺院路標，可是巷口的雨水井長期不見井蓋，所以如果發現自己掉進地洞裡，就知道找對地點了！），從巷口往裡走，再拐彎處就是功德林入口了。

　　功德林既是傳統說法中的四大林之一（其他三座為丹吉林、策墨林、策覺林），也是五座攝政王的拉薩邸所和寺院之一（其他四座為策墨林、錫德扎倉、木如寺、丹吉林）。

　　功德林（亦作「貢德林」）創建於清代，1794年竣工，嘉慶帝曾御賜匾額及寺名「衛藏永安寺」。 該寺為曾任攝政的歷代功德林、達扎仁波且（或譯「達察」）所住持寺院及府第。

　　在古代，功德林佔地範圍很廣。在1956年，當時的達扎仁波且吩咐寺僧在這座寺院旁邊建一座白度母殿及其相連建築，並多次預言：「這座殿將來很有用！」此尊度母像當時是西藏最高的白度母。隨後，因為各種原因，寺院被毀，而寺院的原來主體建築一直沒有被歸還，後來被發

功德林入口

功德林

還重建的部份,只有這座後建的白度母殿及其相連建築而已。

重建後的功德林,不及原寺的十份之一面積,與故日輝煌根本無法比較。重建的白度母像,卻仍然是全西藏最大的白度母,據說頗見靈驗,現在很受拉薩的女性信仰,被視為女性的保護本尊。在這裡,常常能看到拉薩本地的女性在高大的白度母像面前祈禱、訴說婦女心事。在白度母殿前方、天井的對面,有一排一排排列整齊的酥油燈。如果希望在這尊西藏最大的白度母像供燈、祈禱,可以找僧人安排,所費無幾。

白度母殿旁的建築,是重建後的功德林主殿。從這裡,有條後山的路,可通山腰的一座唐東傑布閉關處。

從功德林走出來,可順道朝拜關帝廟。順帶一提,從功德林沿德吉中路走幾十公尺至北京中路交界,即功德林往關帝廟的必經之路上,有山腳大石一角,乃當年文成

公主歇息處,藏人路過習慣在此以背部、大腿、小腿、膝蓋摩拭大石,據說對風濕、關節炎等病痛頗有靈異療效。大石千百年來被磨得黝黑、珵亮,很容易找。

▌ 功德林的白度母

▌ 文成公主歇息處

🌸 關帝廟 Gesar Lhakang

　　拉薩關帝廟（亦作「關帝拉康」、「格薩拉康」等）建於1792年，是世界最高海拔的關帝廟。

　　關帝廟位於布達拉宮以西，從布達拉宮廣場沿北京路往西徒步或坐人力車走幾百公尺即達，或從功德林沿德吉中路走至北京中路右拐，再走幾步距離就是了。寺廟建於磨盤山上，山腳有碑石標誌著。據說，在歷史上藏王赤松德贊曾在山上建成一所小屋，蓮花生大師曾在此屋中修行，然而這似乎只遺留下口耳相傳的片言隻語，山上並無任何相關遺跡可循。

　　讀過金庸武俠小說「書劍恩仇錄」和「飛狐外傳」的讀者，相信對福康安這個角色不會感到陌生（就是那個長得像陳舵主、自己和兒子

廟碑

老被擄走的福公子）。在現實歷史中，1792年乾隆皇帝派福康安大將軍統帥大軍迎戰尼泊爾入侵者，七戰七勝。由於戰爭中出現了許多護佑清軍的靈異現象，將士們認為是戰神顯靈保佑，福康安便在拉薩建起了這座關帝廟。在寺廟建成的初期，朝拜者多為駐藏清兵、長期居住拉薩的朝廷官員和內地商賈等。到後來，去關帝廟朝拜的藏民越來越多，香火極旺，廣為藏民所信奉。有趣的是，西藏文化中原有一位民族英雄格薩爾王，他的形像和南征北戰的經歷，和關公極為相似，甚至很多西藏人相信關公是格薩爾王在漢地的化身或眷屬。隨著歲月的流逝，關帝信仰就和西藏原有的格薩爾王形像融合在一起了，而關帝廟也被稱為「格薩拉

拉薩關帝廟

▌格薩爾王

康」，由藏族出家人看管，乃至廟中漢文化用來占卜吉凶的關帝靈籤也出現了藏文版籤文，而且深為藏人所接受、信仰。

　　今天的關帝廟，由附近的功德林僧眾管理，頗見凋零，不復當年萬人空巷爭相求籤問卜的盛況。正殿前的石階一側，有高三公尺的石刻大碑，為福康安將軍親自撰寫的廟碑，其上記載修建關帝廟的原因和經過。大殿內，供奉著坐相的關雲長像，張飛和周倉像在兩旁侍立。在正殿的後方，還有一文殊大士殿，其內供奉分別代表諸佛的慈悲、智慧和力量的觀音、文殊、金剛手三祜主像。

▌藏文籤筒

　　在其前方，有一個求籤用的籤筒，和漢地的基本無異，分別只是籤上的文字以藏文書寫而已。在殿內、面對佛龕時自己的右側，有一尊格薩爾王身像。

格薩爾王：

　　格薩爾王（1038-1119）在藏族的傳說裡是蓮花生大師的化身，一生戎馬，揚善抑惡，宏揚佛法，傳播文化，成為藏族人民引以為自豪的曠世英雄。名揚四海的「格薩爾王傳」是世界上最長的史詩小說，現代有同名的電視連續劇、圖書等。

▌關帝廟主殿

▌側殿內供奉的三祜主

▌側殿內供奉的格薩爾王像

羅布林卡
Norbu Lingka Summer Palace

位於拉薩市北郊的羅布林卡，是歷代達賴喇嘛的夏宮，而且是全藏最大規模的人造園林。它距市中心約三公里，搭乘公車或搭計程車都能到達。從朝聖角度來說，個人覺得羅布林卡比起其他朝聖地點，宗教氣氛並不算濃，而且門票不便宜，然而來到拉薩，不去一趟這個集園林、廟堂、宮殿於一身的夏宮，似乎又有點說不過去。

羅布林卡的意思是「寶園」。在18世紀40年代，當時的第七世達賴喇嘛因腿疾而須前往此處沐浴療病。當時，這裡是無人出沒的沼澤和樹林。最初，達賴喇嘛是住在帳篷中的。到了後來，由於必須經常居住，便開始建造宮殿。自始，歷代達賴喇嘛都對羅布林卡進行了加建，羅布林卡遂成為尊者夏天居住、辦公的地點。在一年一度的藏曆七月雪頓節期間，西藏各地、各流派的藏戲戲班會雲集於此，拉薩市民聚集林中，搭起帳篷盡情玩樂、欣賞傳統藏戲，熱鬧非常。

羅布林卡的主要景點有格桑頗章、新宮、湖心宮和金色頗章等，並附設一個動物園。

格桑頗章

這是第七世達賴喇嘛始建於1755年、在第八世尊者年代竣工的舊宮，乃羅布林卡的早期建築，其名來

羅布林卡正門

格桑頗章

自始建的第七世尊者名字格桑嘉措。

　　此三層建築內有佛殿、護法殿、集會殿、書房等，並供奉著一尊第八世尊者的六臂瑪哈噶拉護法像。宮後有一個小殿，是從第七世以來歷代達賴喇嘛禪修的地點。

新宮

　　此竣工於1956年的新宮名為「達旦米久頗章」，即「永恆不滅宮」之意。宮內主要由南殿、尊者的書房和睡房、藏經閣、禪修室、法會殿堂、飯廳、尊者母親的房間所組成，其內部建築極為現代化，訪客能看到許多如抽水馬桶、浴缸等西方設備。

　　在南殿的牆壁上的系列壁畫，從左上角開始，順序描繪了釋迦牟尼吩咐觀音大士眷顧藏土、吐蕃遠

▌羅布林卡地圖

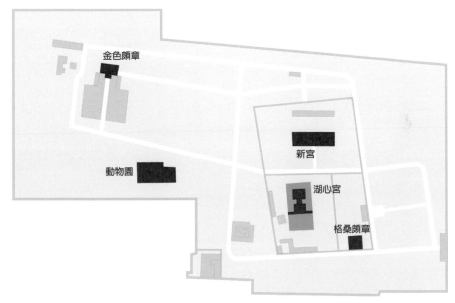

金色頗章

動物園

新宮

湖心宮

格桑頗章

入口

祖神猴變人的起源傳說、吐蕃王朝興衰、佛教傳入、各宗派的創立、歷代達賴喇嘛生平等等，是一套完整、濃縮的圖解西藏歷史。

在法會殿堂中，也有一些十分值得細看的壁畫，其中包括釋迦牟尼和宗大師的生平事業壁畫。在它的旁邊，是歷代達賴喇嘛圖，其中第五到十四世尊者手持一輪，而第一到第四世尊者並無此輪，這是因為輪象徵著政權，而達賴喇嘛世系是從第五世才開始掌權的。在尊者世系圖的對面，是一幅人物逼真、

組合十分有趣的壁畫。壁畫中央為第十四世達賴喇嘛，上方為其師長赤江仁波且（1900-1981）及林仁波且（1903-1983），下方為尊者的家人和當時主要政府官員，並有印度及蒙古使節、國民黨代表，還有曾於1899年偷渡入藏、後遭驅逐離境的日本僧人河口慧海（1866-1945），和頭戴英式帽子的英國使節黎吉生（1905-2000）。這面壁畫由近代著名畫師安多強巴（1914-2001）繪於1954年。

在通常不開放的飯廳裡，有宗喀

新宮

▌ 歷代達賴喇嘛壁畫

巴及其八大清淨弟子、阿旺扎巴等的壁畫。飯廳的旁邊是尊者母親的房間，內供雕刻精美的檀香佛龕及佛像。由於羅布林卡亦屬於受僧戒所規範的寺院性院府，尊者的母親只能在白天探訪時使用此房，必須在天黑前離開。在宮殿的樓梯位置，有兩幅回文圖。回文圖分為許多方格，每格內均寫上一個字母，編排巧妙。其中一圖為除朗達瑪（809-842）外所有歷代藏王的名字（朗達瑪因曾禁止佛教而被藏人所惡）；無論豎讀、橫讀，都能讀出某代藏王之名。另外一圖

為歷代達賴喇嘛名號，其編排設計亦同。在回文圖旁側，是根據印度世親祖師所述而描繪的宇宙起源及結構圖。

湖心宮

這組建立在湖上的漢亭式建築建於第八世達賴喇嘛年代，東有龍王廟，北為龍王亭。

金色頗章

金色頗章的名字往往會令漢人誤會為描述顏色，實際上卻來自其施主名字「欽瑟」之發音。

此宮建於1922年，是十三世達賴喇嘛晚年長年居住及最後圓寂之地。殿內其中一些壁畫十分漢化，有的更繪有漢地的五台山、北京頤和園等。

▌ 十四世尊者壁畫

▌ 壁畫下方畫有漢地、印度、英國、日本等各方使節

▌ 紀錄歷代藏王名號的回文圖

動物園

　　動物園位於羅布林卡內西南角,內有若干兔、雞、狗、鳥等「西藏珍奇動物」。旅費極為充裕並喜觀賞無精打采動物者,可順道入內參觀。動物園單獨收費,詳細參觀約需時三分鐘。

安多強巴的唐卡藝術

　　在近代,安多強巴是具有劃時代意義的唐卡大師。在接觸當時剛開始從西方引進的攝影技術後,他參考人物照片等,在唐卡繪畫中大膽加入了現代透視風格、仿真式的人物素描、光線和陰影等非傳統技法,開新式唐卡之先河,並因此成為西藏畫師界的宗師級人物。

▌湖心宮　　▌十三世尊者環繞步行運動的地方

扎基寺
Zashi Lhamo Temple

扎基寺也叫「扎基拉姆寺」（「扎基拉康」；也譯作「扎吉寺」），位於扎基東路上，從市內任何地點搭計程車去都不遠，而且司機都認識。

在上世紀60年代前，扎基寺並沒現在這麼大的名氣。據老一輩拉薩人說，扎基寺原來主要為拉薩漢人、駐藏清兵所信仰（大概是因為寺內的扎基拉姆據說來自漢地、份屬老鄉的原因），而當年求財運的

人多喜歡去八廓街色拉達果巷內的財尊殿祈禱、供養。重建後，由於外地來拉薩打工、做生意的外地人越來越多等各種原因，扎基寺遂發展為專門求財的知名寺院，也成為了漢人旅行團必到之處。

拉薩的導遊和市面的漢文書籍，多宣傳扎基寺為「拉薩唯一的財神廟」，這應該說是不盡不實的。此寺是色拉寺的下屬寺院，其僧人由色拉寺委派輪值，大殿中央供奉的主尊佛像、祖師像等，都和別的格魯派寺院完全無異，只是在

▌扎基寺

進門的兩側多了一尊扎基天母和她對面的一尊土地公的像而已。這種佈局是西藏寺院常見的。隨便舉個例子：譬如八廓街北邊、色拉達果巷內的財尊殿，其中央供奉迦葉佛和八大菩薩，兩側供奉的就是藏巴拉、多聞子、財續佛母等幾尊財尊。其他各派寺院殿堂，也常見供有不同形像的財尊。由此可見，扎基寺既非專門供奉財尊的寺院，也不是拉薩唯一有供奉財尊像的寺院。所謂的「拉薩唯一的財神廟」之說，大概只是用來吸引漢人遊客、促進旅遊收入的話，並不準確。不過必須承認，扎基寺的扎基天母，確實以靈驗知名，尤其在財運方面。去扎基寺的人，不論漢藏，大部份都是為了祈禱財源廣進。

有關扎基寺的名字，按照大部份人的口耳相傳，是源出最初建寺時只有四位僧人的原因（僧人在藏文中叫「扎巴」；「基」是數字「四」的藏文漢譯後的變音）。

寺門外的路邊有好幾家小商店，兜售草香、白酒、哈達一類的供品。不太懂行的朝聖者，大可用普通話對店主要求「全套」，店主會說明不同級別的價格，然後為購買者配搭草香、白酒，準備好全套標準供品。不同商店售賣的供品，價格其實差不多，挑選自己能負擔的級別即可。朝拜者在門口先買好供品，把草香投入寺外香爐裡，才攜帶白酒、哈達進入殿堂。

進入主殿，中央的佛壇上供奉格魯派寺院共通的祖師、本尊、佛像等，在此沒必要一一細作介紹。比較特別的是進門左側的扎基天母和右側的土地公。

扎基天母本來不是西藏原有的護法。她的傳說，基本上就是一個外地人從開始被歧視，然後憑著自己的實力拚搏，最後被當地包容、接納而成為舉足輕重頭面人物的典型勵志故事（順帶一說：在這裡，從內地來拉薩居住而又不從事幹部、經商、民工等職業的，俗稱「拉漂」）。據說，她是吉祥天母的一個世間化身，本在漢地，後隨一位曾赴漢地的色拉寺大師來到拉薩（也有說是

▌ 扎基天母

隨文成公主進藏的），後被供奉在扎基寺。根據口耳相傳，在她初到西藏的時候，由於長得美麗，被本地的眾多女性鬼神所妒嫉，便下毒加害，並把她的雙足砍去了。扎基天母以神通把毒藥逼到舌頭裡，並用雞腳接上代替被砍去的雙足。本地的女鬼神無可奈何，從此便不再招惹她了。因為這個典故，扎基天母像的眼睛圓睜，面部黑色，外露因曾中毒漲大而無法縮回口腔的舌頭，雙足是一對雞腳。或許是因為她來自外地，久而久之，在拉薩的外鄉人，都喜歡求她保佑順利、平安，訴說思鄉之情，把她視為居住拉薩的外鄉人之保護神；而可能因為在拉薩的外鄉人大多經商，所求的不外乎生意順利等願望，慢慢地，扎基天母就演變為求財的特殊對象了。準備從拉薩前往內地經商、學習的藏人，也因為扎基天母本來自內地，多前往扎基寺祈禱她保佑自己一路平安、順利。

來向扎基天母祈禱者，可在像前把酒交予負責的僧人，僧人會把酒倒進一個專用的器皿中，然後朝聖者向天母像敬獻哈達、供養，並以頭抵著天母像祈禱。按照拉薩老百姓的說法，週三是去向扎基天母求財的最佳日子，然而這並不是說只能在週三朝拜。

在扎基天母的對面，亦即進門後的右側，是一尊扎基寺所在地的本地土地公的身像，朝聖者順便供養一下即可。

由於扎基天母和土地公屬於世間護法、神明類別，佛教徒一般不會對其像頂禮，而只會作供養、祈求世俗的願望圓滿。

雖然扎基寺僧人日常念誦的經文和色拉寺等別的格魯寺院大同小異，可是因為扎基天母以能滿世俗願望知名，不少人喜歡在此延請僧人念經祈禱。在大殿的中央靠左，一般會有值班僧人坐著。信眾可向值班僧人提供名字要求念誦，並隨力作適當的供養即可。如果沒遇上能說流利普通話的僧人值班，也不存在難題，清晰、簡潔地告知名字，讓僧人以藏文拼音紀錄下來就可以

了。在不忙碌的時候，僧人多半會象徵性地回贈一條哈達作禮。

　　在寺院的樓上，有提供向吉祥天母求籤的服務。信眾隨力給點供養，就可以祈禱指引，然後抽出籤文，讓負責的僧人解籤。遺憾的是，不諳拉薩語的人恐怕難以順暢地溝通。

　　在大殿外的寺院流通處，可以買到各種護身符。比較特別的是，這裡有時候有賣一種招財運的緣起寶丸，裡面是包含多種具吉祥、招運意義的材料之丸子，以不同顏色布料包裹，上面封以火漆印，價錢也不高（2011價格是每顆十元），是買回家放錢櫃裡或贈送親友留念的好選擇（它的包裝和珍貴的藏藥相似，可是這不是藥物，不能口服）。不過，流通處僧人不一定能以普通話溝通。寶丸一般會像展示糖果般很多顆放在大玻璃瓶裡，最穩當的辦法還是自己辨認、購買。

財運緣起寶

PART6

拉薩周邊主要朝聖點

拉薩市近郊主要朝聖點有北方的色拉寺、曲桑尼院、帕崩喀寺、吉祥法林、格日尼院，和西方的哲蚌寺及乃瓊寺。周邊的主要朝聖點則有東方的甘丹寺和桑阿寺；東北方的扎耶巴洞窟群；北方的熱振寺和達隆寺；西北方的楚布寺；機場方向的度母寺、聶塘大佛和謝珠林；拉薩河南岸的策覺林等。

類似漢地城隍身份的「地神」

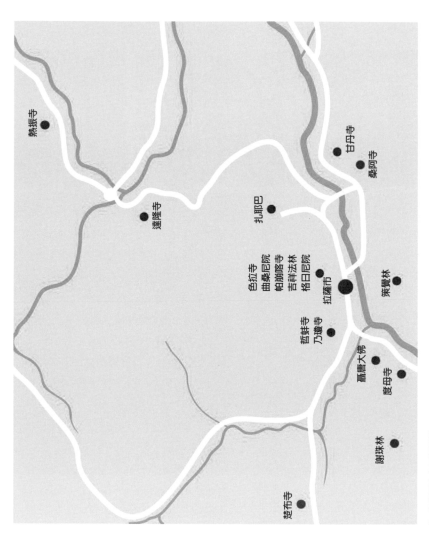

熱振寺

甘丹寺
桑阿寺

達隆寺

扎耶巴

色拉寺
曲桑尼院
帕朋喀寺
吉祥法林
格日尼院
拉薩市

策覺林

哲蚌寺
乃瓊寺

聶唐大佛
度母寺

謝珠林

楚布寺

■ 拉薩周邊主要朝聖聖點

色拉寺 Sera Monastery

色拉寺距離市區以北五公里、色拉路的盡頭山腳處，有公車直達，亦可搭計程車前往（約為十到二十元間，視乎議價能力及個人業力）。

此處本為宗喀巴大師閉關、著書地點，寺院由宗喀巴大師高足大慈法王釋迦耶協（1355-1435；也譯作「釋迦益西」、「釋迦也失」等）建成於1419年，為格魯派三大寺之一（另二者為甘丹、哲蚌），曾培養出之高僧大德無數。寺院定制學僧五千五百，但大部份時候實際數字遠超於此。在歷史上，色拉寺影響力很大，故有「色拉寺打個噴嚏，全拉薩市會染上感冒」之民間老話。每年六月初四的色拉繞山節和十二月二十七的朝橛活動，更是拉薩老百姓全城出動的盛事，

寺院被命名「色拉」的原因有幾種說法，一說為因附近生長茂盛的野薔薇而名，另一說指因建寺時曾下冰雹而名，更有說是因冰雹能壓剋米稻而刻意對應哲蚌寺而名（「哲蚌」意為「米堆」）。

三大寺的架構，分為若干獨立運營的扎倉學院，下設若干康村，寺中僧人各有所屬康村和扎倉。康村是一種類似同鄉會概念的組織，其僧人成員大多來自同一地區，譬如四川阿壩州的僧人到三大寺學習，一般會進入嘉絨康村，互相照顧；其他如來自拉薩本地、蒙古、雲南、青海等地的僧人，亦各有其康村。寺內有供全體僧人上殿集會的措欽主殿，各扎倉學院亦有自己的大殿，每個康村又再有自己的殿堂和僧舍等。色拉寺的架構以昧扎倉、傑扎倉兩座顯宗學院及密宗院組成，其下為若干康村。在規模較大的康村之下，又有若干稱為「米村」之再細分的僧舍組織和建築。

寺院的主要殿堂有措欽主殿、色拉昧大殿、色拉傑大殿、密宗院大殿。如果順時針方向右繞而朝禮各主要地點，可按色拉昧大殿、密宗院大殿、色拉傑大殿、色拉傑辯經場、措欽主殿、印經院之順序而行，最後

前往圍牆外之色拉曲頂、宗喀巴閉關房、宗喀巴法座朝禮。此外，寺院有許多各康村的殿堂，除規模外大同小異，數目眾多，漢族香客不一定有時間或需要全部走遍。時間充裕者在參觀主要殿堂之餘，若希望對康村級別殿堂有所瞭解，亦可選擇朝拜典型的中、小型康村佛殿各一。

漢傳佛寺一般為工整佈局，一重一重的殿堂建於中軸線上，左右兩邊為對稱的配殿。由於西藏大寺院多為幾百年來陸續建成，往往是無數僧舍、佛殿夾雜交錯，更類似一座小鎮的感覺。在三大寺裡，唯一只有色拉寺勉強能說有一條貫通南北的大路。從山門往內走進，色拉

▍色拉寺地圖

常啼菩薩化身之虹化遺身

昧大殿、印經院、密宗院大殿、色拉傑大殿、色拉傑辯經場都在路的左邊，措欽主殿在路右。

色拉昧大殿

色拉昧大殿是色拉昧學院的殿堂。此殿門外的壁畫尤其古舊而精美，值得細看。

色拉寺等三大寺的主殿和各大殿格局分別不大，前為殿堂中央僧人集會地點，後方有若干配殿。進入大殿後，朝聖的傳統順序是先沿左邊走進殿後方各配殿次第參拜，在從最右邊配殿出來後，方朝拜殿堂中央的各尊聖像；如果大殿二樓有開放的朝拜點，這是最後才登樓參觀的。

在色拉昧大殿後方配殿中，較重要的是色拉昧學院的不共護法塔烏。此護法原為桑耶寺護法。在很久以前，桑耶寺一個僧人遭遇財政困難，計劃把寺院裡一尊來自印度的古佛像賣錢。同一天，色拉寺一長老在夢中看到佛祖，佛對他說：「明天你去八廓街，會遇到有人賣佛像，

你去把那佛像買回來！」翌日，長老在八廓街果然遇到賣佛的僧人，便恭敬地把佛像買下了。傳說，塔烏護法為了守護此佛像，也跟佛像一起來到色拉寺，從此成為色拉寺昧院的主要護法。此護法殿禁止女性進入，但卻有一個例外；由於僧人帶著佛像從桑耶寺前往拉薩途中，曾在一居士家借宿一宵，此家族被視為塔烏護法的老相識，其後代不論男女都允許進入護法殿。時至今日，該家族的後代仍然常常前往色拉寺拜訪這位護法，很以先祖與護法的淵源為榮。雖然此殿不允許女性進入，女香客可於殿外把哈達交予守殿僧人或任何男性藏族信眾，請求代為供養（寺僧及藏族信眾對此頗為習慣，不必多作解釋已能明白請

圖中後方為色拉昧學院的鎮院佛像

求，並十分樂意幫忙）。

在大殿的大廳，中央供奉釋迦牟尼佛像，旁為格魯派祖師宗喀巴、色拉寺祖師大慈法王，及出自色拉寺昧院嘉絨康村的一代宗師帕崩喀大師身像與靈塔等。

在大殿的二樓配殿中，供奉著色拉寺昧院的主供佛像，即上述從桑耶寺購來的立相釋迦牟尼。佛像前方的常啼菩薩小像，據說乃常啼菩薩的人間化身虹化縮小後的遺體所造，亦為扎倉之珍藏寶物。

從色拉昧大殿步往密宗院大殿途中，可順道參觀屬於中等規模康村殿堂的嘉絨殿堂。此康村是四川嘉絨藏族地區學僧所屬僧堂，曾培

■ 嘉絨康村殿堂

養出四任甘丹赤巴法王，傳為美談。殿堂建築屋頂上的白色法幢，即表示此康村曾有成員登上法王寶座之意。此外，著名的薩巴仁波且、赤巴仁波且、帕崩喀仁波且，及祈竹仁波且世系，均為康村成員。進入殿堂，應先沿左邊進後方配殿朝拜。最右邊的配殿牆上有一個閻摩法王的壁畫，傳為自己顯現，歷代以來屢次顯靈。最近的一次是2008年，當時一位學僧把睡床挪到壁畫對上的二樓同地點。僧人晚上睡覺，夢護法對他責罵：「什麼人敢壓在我的頭上？」，並以頭角把他挑起摔在一旁，醒來後感覺猶如真實，胸口隱隱作痛。從此，僧人寧願搬去隔壁房間睡在地上。後來康村年輕僧人對久居海外、出身此康村的老僧人提起此事，老和尚說：「這並不稀奇。現在的年輕僧人不懂規矩而已。類似的事歷代以來發生過好幾次，所以那個位置是從來沒有人敢睡的！」在看完配殿後，便應朝拜殿中央各像。此處除供奉彌勒、宗喀巴大師等格魯派共通的聖像外，亦供嘉絨

高僧阿旺扎巴（宗喀巴大師高足，曾建一百零八寺，對佛法在四川的傳播居功至偉）、第一世帕崩喀仁波切、四位出身自此康村的甘丹赤巴法王像等，並供奉全套「大藏經」。在殿中央向上看，天井左上角有一張壁畫，中央繪色拉寺創辦者大慈法王，四周為出身自嘉絨康村的四位甘丹赤巴法王。

　　有關嘉絨康村與相鄰康村之間，還有許多有趣的典故。在「大昭寺」一章中，介紹了曾在大昭寺度母殿門檻留下掌印的龍度喇嘛（1719-1805）。此位高僧出身自與嘉絨僧堂僅為一牆之隔的魯帕僧堂。有一天，龍度喇嘛突然在自己康村說：「嘉絨人最崇拜的阿旺扎巴在香巴拉淨土登基為國王，現在正在舉行登基慶典，可是怎麼隔壁嘉絨康村卻這麼安靜啊？」，此乃取笑鄰居康村當時沒有能人、無人能看到香巴拉淨土的意思。另外一次，管理僧人紀律的鐵棒喇嘛來宿舍巡視，看到龍度喇嘛的窗台放著盆栽。按照寺規，本來不允許學僧種花或養寵物，鐵棒喇嘛便把盆栽從龍度喇嘛睡房丟出窗外。由於兩康村只隔一牆，盆栽便落在隔壁嘉絨康村的天井裡了。龍度喇嘛看到自己的盆栽掉落在嘉絨康村，即預言說：「噢，由於此緣起，隔壁康村將來當會異常興旺！」

密宗院大殿

　　此殿是寺院最早建築之一，為

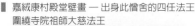
嘉絨康村殿堂壁畫 — 出身此僧舍的四任法王圍繞寺院祖師大慈法王　　龍度喇嘛

▍靈異的密宗院大殿吉祥天母像

大慈法王年代所建,原為寺院措欽主殿。在1710年,寺院因擴展規模而建成現今主殿,此殿逐改作密宗院大殿用途。

在大殿的後方有幾個配殿。左邊配殿中供有吉祥天母及十八羅漢等。據歷代寺僧說,每次法會念誦吉祥天母祈禱文後,手摸此天母像坐著的騾子,會發現其身濕潤,猶如冒汗,這是騾子背馱天母應祈禱到處救難的徵兆。殿內的羅漢像是寺院珍貴文物。在大慈法王進京時,明永樂帝曾贈送檀香十八羅漢。後來,這些小像被作為裝藏物,在其外塗以藥泥,造成了這十八尊大羅漢像。如果細心觀察比較,可見殿內右方的一尊羅漢像前,往往有特別多來自香客供養的哈達。據說,在

某世達賴喇嘛一次朝拜時,尊者次第右繞而對各羅漢供養哈達。在來到這尊像前時,哈達剛好用光了,尊者便只好繼續往前走,此像卻顯靈要求:「我的哈達呢?」,從此便成為了著名靈驗的羅漢像,香客來此必定供養哈達。右邊角落中央配殿供奉的是一尊古老的大威德金剛,乃當今唯一尚存的宗喀巴年代所造、大師親眼看過的大威德像(哲蚌寺原有大師親造大威德像,後於

▍曾經顯靈說話的羅漢像

火災被毀，現在的已非原像），其風格與平常所見的明顯有別。

大殿中央主供大慈法王像。傳說，在1710年新主殿落成後，寺僧本擬把此像移至新殿，此時法王像卻顯靈說：「我願留在這裡！」，寺方只好另為新殿建造新像代替。此外，殿內亦供有密宗院第一代方丈桑傑仁欽身像等。

色拉傑大殿

未進入色拉傑大殿，往往已能看到一條長長的隊伍，這是排隊朝拜著名的拉薩三忿怒尊中之色拉寺馬頭明王的隊伍（另外兩尊為甘丹寺的閻摩護法、哲蚌寺的大威德金剛）。馬頭明王位於大殿後方左邊的配殿內，男女皆可進入朝拜。

馬頭明王是觀音大士的忿怒相化身，其身紅色，頭頂上另有小小的馬頭，能降諸魔。在色拉寺建成後不久，貢欽洛珠僧格大師路過此地，其衣袍曾數次被樹叢勾住，後又見紅鳥飛來而隱入樹叢，樹叢中傳來馬嘶之聲，由於此吉祥徵兆，貢欽洛珠僧格以樹叢為基礎，造了這尊馬頭明王像，又圍繞此像建殿而創辦了色拉寺傑學院。此後，傑學院發展成規模極大的僧院，歷代以來培養出無數高僧，此馬頭明王像亦成為了

馬頭明王

聞名全藏的色拉寺馬頭明王像

父母以馬頭明王像前油燈的
燈灰觸小孩鼻尖以求加持

全藏知名的靈驗聖像。

　　排隊進入的香客隊伍，往往會延伸到大殿門外。
香客徐徐進入大殿（殿左人流經過處有書寫金汁祈
禱紙條服務），然後進入配殿右繞一圈，才能到達馬
頭明王像前。此時，香客彎身進入佛龕下方小洞，頭
抵佛龕虔誠祈禱，並可供養哈達。持金汁祈禱紙條
者，應於此時把紙條交予殿僧。在佛龕的旁邊掛著
少量的五色金剛結，乃此殿所加持的護身物，價格並
不很貴，可請購而掛於家中門窗位或車內以求平安。
此處常見藏族小孩鼻有黑印，許多漢人遊客會誤以
為是胎痣，其實這是殿僧以聖像前油燈燈灰輕觸小
孩鼻尖加持的印記。在拉薩有一種習俗，嬰孩出生沒
多久，父母便會帶同前往大昭寺朝拜，並會來色拉寺
馬頭明王前以燈灰觸鼻，祈求保佑。家裡小孩若常夜
啼，父母也會帶來以燈灰觸鼻，據說這便能讓小孩夜
睡安寧，百試百驗。

各種各樣色彩鮮艷的護身物

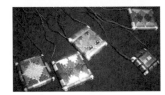

馬頭明王丸

　　此配殿中亦供奉色拉寺著名的金剛橛，平常並不
公開展示。此法器原為蓮花生大師所用，乃西藏所有
金剛橛的原型，後被大師收藏於某地，再由後來的達
恰爾瓦大師開藏取出，輾轉傳至色拉傑創辦人貢欽
洛珠僧格手中，成為了色拉寺傑學院的鎮殿之寶。在
每年藏曆十二月二十七日，色拉寺舉行朝橛活動，這
是拉薩一年一度的宗教盛事。在古代的朝橛當日，色
拉寺會派出代表，在凌晨帶著金剛橛快馬趕往布達
拉宮，呈予達賴喇嘛及政府官員首先朝拜，然後回返

█ 色拉寺著名的金剛橛

色拉寺，由長老手持金剛橛加持百姓。時至今日，這種活動仍然每年舉行。

在馬頭明王配殿外的桌子上，放著五花八門、各種各樣色彩鮮艷的咒輪、金剛結等護身物，是朝聖者的理想紀念品。咒輪以印上各種佛尊咒語的紙張折疊為正方形，上以彩線繫成吉祥圖案，最後在法會中加持開光而成。這種護身物手工極為精巧，大小不等，每枚的價格為五到十元之間（2011）；金剛結則可繫在脖子上或懸掛車中，價格為兩元至五元之間不等。此處亦出售一種色拉寺特有的聖物「馬頭明王丸」，以各種舍利、聖物、珍貴藥材製成，並經寺僧誦經多天加持，可裝

在小護身盒內佩戴身上，或供奉家中，有保佑平安、不受邪侵之效，每顆價格約為五元。

馬頭明王殿旁的配殿，供奉著一尊與大昭寺等身佛形像相似的釋迦牟尼像。在西藏歷史上，向有「拉薩三佛尊」之組合尊稱，其中兩尊為大昭寺的釋迦牟尼十二歲等身像、小昭寺的八歲等身像，唯因年代久遠，對於第三尊具體指何處所供之像，一向存在著爭議。據近代許多專家、學者考證，色拉傑大殿中的這尊釋迦牟尼，正是與大昭像、小昭像並列的第三尊。

在大殿最右邊的配殿中央，供奉著一尊代表諸佛之智的文殊大士。朝聖者如站在殿門處仔細觀察，能發現大士像的頭部明顯側向右邊，朝向牆上的小窗口。在窗外，是色拉寺傑學院的辯經場。據口耳相傳，這尊文殊頭部最初造成時並無異常。在被供奉於此處後，頭部才變得側向窗邊，似在用心聽著窗外的僧人辯經。

大殿的主廳設有歷代達賴喇嘛法座、班禪喇嘛法座、色拉傑創辦人

側頭文殊像
（圖右牆上窗外為辯經場）

貢欽洛珠僧格身像、出自此學院的歷代高僧身像及靈塔等。

色拉傑辯經場

在上世紀60年代前，由於僧人數目眾多，色拉昧、色拉傑兩院僧人向來分別在各自扎倉辯經場進行辯論培訓。現因僧人數目只有五百上下，改為集中在色拉傑辯經場進行。原來的色拉昧辯經場在其大殿背後，現並不開放。

西藏寺院的辯經場，一般是外牆圍繞的露天庭院，除後方有簡陋的法座以外，別無其他設施。色拉傑辯經場也是如此，但在它的中央有一個很小的房子，內有一塊上面顯現七個藏文「阿」字的大石頭。相

傳，這是宗大師在世、色拉寺尚沒始建時，一次從天上降下「阿」字而入於石中的。當時正因為此因緣，大師判斷此地為吉祥寺址，便希望在此建寺，後由大慈法王完成了他的願望而建成色拉寺。

辯論是古印度佛教及西藏格魯派的核心學習方法（見「西藏小百科」），場面壯觀。在古代，寺院辯經純粹是僧人每天學習活動，相當於大學生上課，理所當然並不對外開放參觀。然而，由於年代的改變和各種原因，辯經在今日已成遊客參觀項目之一，遊客往往比學僧還多，甚至有見好幾個攝影愛好者在辯論場中央近距離對著一位正在學習的僧人面部拍攝特寫的情況，嚴

▌ 色拉寺佛尊　　　▌ 色拉傑辯經場（中央建築物內藏顯現七個藏文「阿」字的大石）

大慈法王

措欽的鎮殿之寶—
從印度飛來的千手觀音像

重影響僧人正常學習。作為朝聖者,宜尊重當地文化、避免影響僧人的學習。若希望瞭解辯經過程,可安靜地在圍牆邊坐著恭敬觀看,不宜大聲喧嘩、指指點點、放肆走動,或走進辯經場中央近距離拍攝。

措欽主殿

　　「措欽」的意思是「大聚會」;措欽殿就是色拉寺全體僧人集會念經的地方,有些漢文資料裡也稱為「大經堂」,它相當於漢地寺院中的大雄寶殿地位。在色拉寺和很多其他寺院中,措欽主殿是寺院建築群中之最大者。

　　色拉措欽主殿主要供奉創寺祖師大慈法王、宗喀巴師徒三尊、彌勒的身像,其中彌勒像比較巨大。殿內比較古老的壁畫和高掛著的巨大堆繡唐卡,都值得細心欣賞。

色拉寺外印度飛來觀音像落地處

措欽殿內供奉之「大藏經」

在大殿的二樓配殿中，是措欽的鎮殿之寶 – 從印度飛來的千手觀音像。此像本為印度帕摩比丘尼的個人主尊像。帕摩比丘尼本為印度公主，後因痲瘋病而被遺棄，遂遁入山林勤奮修行，後因修行精進而感得觀音大士現身加持病癒，並傳予許多法門，成為一代大師。現今藏傳佛教各派中的千手觀音法門的傳承，尤其是觀音齋戒法，都來自這位印度比丘尼。在後來，此觀音像從印度顯靈飛來西藏色拉寺周邊田野中，後被移至寺內供奉（在當時佛像落地處，建了小佛龕以示紀念，石上留有佛像落地足印，至今尚存。朝聖者若從色拉寺步行往曲桑尼院朝拜，可順道前往參觀）。

觀音殿的門外有一張桌子，為朝聖者書寫金汁祈禱紙條，有需要者可在此辦理，再把紙條交殿內僧人即可。殿內中央便是千手觀音。走至佛像面前，僧人便會以一木條抵著觀音像的心部，香客再以頭抵木條的另外一端，虔誠祈禱心願圓滿。此外，朝聖者亦可進行頂禮、繞拜、供養哈達等活動，或要求寺僧塗金（必須預約及自備金粒）。在進門的右邊桌子上，有售一種以珍貴藥材等製作、僧人集

▌圖上為路邊的顯靈度母佛龕
圖下為曾經顯靈說話的度母

體念誦觀音真言多天加持的觀音甘露法藥，稱為「瑪尼日布」，價格不貴，可供佩戴、供奉家裡佛壇或在有病、臨終時服用，以得觀音加持。

朝拜措欽主殿後，可往印經院參觀。從措欽主殿走往印經院途中，能看到藏族香客圍繞一路邊白色小佛龕繞拜。這個路邊小佛龕內供度母，因曾經顯靈而知名。在龍度喇嘛尚未成名的時候，一次他從自己康村趕往措欽主殿參加集體法會，由於遲到而匆忙走路，他在此佛龕前摔了一跤；在跌倒的時候，喇嘛衝口而出：「媽呀！」，怎知此時佛龕內的度母竟然顯靈而安慰他：「別怕！別怕！娘就在這兒呢！」從此，這佛龕聲名大噪，而且據說確實特別靈驗。在路過時，朝聖者可對度母虔誠祈禱。

■ 印經院

印經院

此印經院有一由色拉寺及大昭寺合作之非營利項目，從各處收集不少面臨失傳危機的經典而重新排版流通，且對貧窮寺院採取優惠收費的方式，深受各方敬仰。

印經院規模雖然不算很大，殿內右邊為印經院以現代方式印刷出版的藏

文書目，左邊牆架上存放了傳統印刷用的許多木刻板。在左邊牆角，往往能看到僧人正在用木刻板進行傳統的手工印刷。在殿堂後方有售禪定境界指南圖、鎮宅吉祥圖等手工印刷的大幅布印圖案，價格極廉，是很受西方遊客歡迎的有趣紀念品。

印經院珍藏之古代經文木刻板

從印經院走往寺院山門售票處途中，會經過位於右邊的阿熱康村。阿熱康村佛殿屬於小規模康村殿堂，殿內有一塊石頭，傳有治療力量，有興趣者可順道前往接受加持。進入康村殿堂，左邊是阿熱康村殿堂，右邊小房間即為石頭加持處。這塊石頭與被視為宗喀巴大師親母轉世的塔悲堅贊大師有關。一次，這位大師扛陶罐打水，不小心讓陶罐跌下了，恰巧落在此石上，但由於大師的力量，結果陶罐沒破，反而是石頭被陶罐砸出了一個凹坑。後來的人把這塊石頭作為大師加持過的物品珍藏，許多到色拉朝聖的人都會去此康村，請喇嘛用石頭砸有病痛的位置，據說能醫好痼疾。要求加持的漢族朝聖者，可跟著藏族香客排隊，彎腰把背部朝著手執石頭的負責

印經院內可參觀傳統木刻印刷手藝流程

阿熱康村入口

阿熱康村殿堂

■ 後山石刻

■ 大慈法王

■ 救八難度母

■ 文殊大士

僧人，僧人便會用石頭輕敲來者背部數下，並不收費（宜自己隨力供養），但並不歡迎攝影。細心觀察石頭，能看到被陶罐砸出的凹痕。在殿內，還能看到塔悲堅贊以神通在另一塊石頭上留下的腳印。

　　從寺院山門出來後，可往宗喀巴閉關房等處朝禮。閉關房等處實際上位於措欽主殿背山上不遠之處，但由於寺院圍牆阻擋，必須沿進寺原路走出山門，在寺門售票處旁沿圍牆繞路前往。

　　在沿寺院圍牆繞往後山途中，會經過寺院一年一度展佛的高台，從這裡可遠眺拉薩市，其周圍還有許多色彩鮮艷的巖刻佛像，是攝影愛好者的理想取景地點。有關這些巖刻佛像有一個古老傳說：相傳在很久以前，色拉寺一位長老夜夢宗喀巴大師對他說：「後山的許多大石是諸佛的法座，如能把其上無形的佛尊顯現出來讓人們瞻仰，會是很好的事！」第二天，來了一個自稱來自後藏的年輕工匠，發願在後山刻佛，不求酬勞，只徵求長老同意。長老想起昨晚的夢，便馬上同意了。年輕人翌日開始動工，寺僧都能聽到後山傳來敲石的聲音。可是，聲音只持續了一天，然後又回復往常的平靜了。寺僧覺得奇怪，便前往觀看，竟然發現諸石上已經刻好了許多尊佛像，年輕人卻已不知所蹤了。

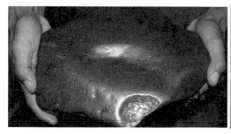

■ 有治療力量的神奇石頭
　（石上能見被陶罐砸出的凹坑）

■ 僧人以石頭加持香客

大家認為,年輕人肯定不是凡人,而是刻意幻化為人來成就此事的菩薩、天人。

色拉曲頂

　　曬佛台上方的白色殿堂,便是色拉曲頂,宗喀巴曾經在此說法、居住兩年。正是在這裡,大師與明帝派往迎請的使節會面,互贈禮物。大師婉拒了永樂帝的邀請,改派其弟子進京弘法,即後來被封為「大慈法王」的色拉寺創辦祖師釋迦耶協。大師與其首徒克主傑的初次會面,也是在這裡發生的。據口耳相傳,克主傑來到的時候,恰巧大師正在說法。

由於克主傑當時已經是頗有名氣的傑出學者,便沒有脫帽,直接坐上高座,與正在說法的宗大師平起平坐。克主傑很留心聽大師的講解,準備一旦挑出漏洞,便馬上發言挑戰、辯論。可是在聽了很久以後,他無法發現大師講解中有任何漏洞,便把帽子脫了,改為坐到下面去了。聽了很久以後,克主傑發現大師論點確實無瑕可擊,便想在大師的行為、戒律上挑毛病。在休息解手時,克主傑注意到大師未脫尊貴的祖衣袈裟便步往茅廁,遂跟隨大師,準備以穿著祖衣解手為戒律瑕疵而加以批評。可是,在跟到廁所前時,他赫然看到閻

▌ 色拉曲頂及宗喀巴閉關房

摩護法現身茅廁外恭敬彎身,以其頭角作為供大師如廁時掛袈裟的衣架子。克主傑終於知道大師確實是一個聖人,便謙虛地依隨大師學習,從此片刻不離,最終成為了大師的上首弟子及繼承人。

在色拉寺建成以後,色拉曲頂逐漸成為修密法的場所。殿內供奉宗喀巴師徒三尊、下密院創辦人喜饒僧格身像等。

宗喀巴閉關房

位於色拉曲頂旁邊的黃色小建築,是宗大師當年閉關處。大師著作「辯了義不了義論」,也是在這裡寫

成的。當初,大師便是在此見天降多個藏文「阿」字,認為這是當地吉祥的兆象,生起了建寺的動機,後由其徒大慈法王建成色拉寺。

在大師圓寂後,此處被視為閉關佳地,歷代以來無數寺僧借用此關房進行短暫的精進修持。

宗喀巴法座

在閉關房和色拉曲頂的東面不遠處有一個黃色小建築,這是宗大師當年常用的說法座。按歷史記載,一天宗大師講經說到某關鍵處時,其弟子喜饒僧格(即後來下密院的創辦祖師,見「下密院」)當下見空,其發生

▌宗喀巴閉關房內部

地點便是在此處。

在法座的東面還有一個水泉，傳說這是宗喀巴在附近閉關時，閻摩護法以其角鑿地而出。古老相傳，此水能增長智慧、治癒各種疾病（據說對胃病尤有奇效），歷代以來靈驗案例不勝枚舉。據畢業於色拉寺的祈竹仁波切說，他年輕在寺中學習時，寺中有一位以學問和智慧知名的長輩。這位長老年輕時學識本來並不特別出眾。一天，他在此泉取水，驚見勺中有一小小的文殊大士，他連喝幾勺，每勺皆見文殊。從那天開始，他突然變得辯才無礙，學習突飛猛進，遂成為寺中

▌宗喀巴法座

權威學者。

從後山回到寺院前的停車場，便能乘搭返回市區的中巴。在此也可搭計程車前往附近的曲桑尼院、帕崩喀寺、格日尼院等。

▌保護宗喀巴法座的外在建築

▌ 曲桑尼院收藏之伏藏佛像

🏵 曲桑尼院 Chubsang Nunnery

　　現今凋零、歷史上卻很有名的曲桑尼院，坐落於色拉寺西北山邊，從色拉寺出門向右沿山腳步行約一小時即可到達。或在色拉寺門口停車場、拉薩市搭計程車前往亦可直達寺門。

　　此寺院初建於17世紀，其寺名「曲桑」乃「良水」之意。

　　曲桑尼之初期本為男眾道場，常有高僧開示傳法，吸引了一些尼師前往學習。由於拉薩當年沒有女性學習文化的學校，許多家族也樂見女兒在此接受教育。隨著拉薩附近越來越多的尼師常來聞法，寺院逐漸被尼師佔據，一度與

▌ 從尼院遠眺拉薩市

曲桑尼院

男眾發生衝突。在寺院大德長老們調解後，在男女出家眾分開範圍的前提下，尼師被允許在周邊修學。在20世紀寺院的全盛時期，此處為拉薩知名之大型公開說法道場。能被邀請在曲桑寺講經說法，被視為很高的榮譽。當年不少高僧，如一代宗師帕崩喀仁波切、當今第十四世達賴喇嘛之師長赤江仁波切（見「南方三祜主殿」）、色拉寺嘉絨高僧薩巴仁波切、丹吉林的第穆仁波切等，都曾在此廣為開示。在1921年，帕崩喀仁波切在曲桑開示菩提道次第教法，轟動全城，聞法僧眾逾萬，傳為美談。該次開示的講義，在後世被結集為極著名之「掌中解脫論」，後又被翻譯為多種文字，至今仍被奉為英語國家及漢地格魯派弟子的關鍵教材。

在恢復宗教自由開放政策及重建後，曲桑寺主要為女眾道場，現有一百多位尼師長住修學。寺院兩座主殿，其一為大眾聚會學習的地點，另一則供有五世達賴喇嘛開啟伏藏取出的佛像一尊，乃曲桑歷來的鎮寺之寶。

▋ 自然顯現的勝樂金剛眼睛　　▋ 自然顯現三怙主

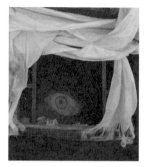

🌸 帕崩喀寺 Pabhongka Monastery

　　帕崩喀寺（亦譯作「帕奔崗」、「波龍卡」等）位於拉薩市北郊的娘熱溝內、寶傘山下，距離市中心約七公里，左臨色拉寺，前方為曲桑尼院，右臨格日尼院，背靠吉祥法林。從市區可乘搭公車前往軍區總醫院，再換乘摩托車或徒步半小時前往，或找藏族司機搭計程車直接直達寺門亦可。如從色拉寺出來，可直接搭計程車前往。若有充裕時間，也可以從色拉寺徒步朝禮格日尼院、帕崩喀寺、吉祥法林等。

▋ 帕崩喀寺建築群（左為勝樂宮，右為齋戒殿）

▌洞窟內的自現天母

▌吞米桑布札在發明
藏文後第一次公開
使用時寫下的觀音
真言

帕崩喀寺是一座重要寺院。寺院最初乃為
松贊干布為其五妃所建五道場之一（其他四道
場為大昭寺、小昭寺、魯普巖寺及扎耶巴），文
成公主曾經住在這裡，並按地理風水學說而斷
定此地為拉薩之北玄龜位。在後來，吞米桑布
札大臣在此處潛心研究，而發明了西藏文字。
到了公元8世紀赤松德贊時，西藏歷史上的最
初七比丘 —「桑耶七覺士」、蓮花生大師、靜
命大師（705-762）乃至赤松德贊本人，都曾經
在此修行。在噶登派年代，曾一度荒廢的寺院
又被噶登派祖師復興，高峰期有七千多僧人在
此修學。到了後代，寺院為色拉寺所管轄；清代
以來，達賴喇嘛的歷輩轉世都必須到此禮佛、
受戒，獲得格西學位後也要來此舉行慶賀儀
式；寺院方丈則例由昔日政府委任。寺院因其
主建築建於大石之上而得名「帕崩喀」，即「大
石」之意。以此寺院得名之帕崩喀大師（1878-

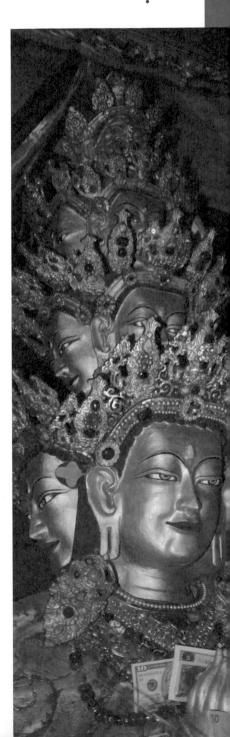
▌一直在顯靈長高的千手觀音像

1941），在後世被尊為劃時代的宗師級人物，現今在世界各地弘揚佛法的許多漢、藏大師，均為其直系再傳弟子。

　　到達寺門仰望後山，就是拉薩天然的八吉祥山形中之寶傘。寺院由齋戒殿、勝樂宮、文成公主樓所組成。在最前方的是齋戒殿，殿外左邊石牆上有一顏色鮮艷的大眼，傳為色拉寺後山自然顯現的勝樂金剛三眼之一（另二眼分別在格日尼院及吉祥法林東面山洞內）。此殿主供自然形成的三祜主。據史載，這是松贊干布年代自然出現的，後經尼泊爾工匠加工

天然的咒字

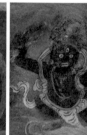

磐石上自現三祜主

建於磐石上的帕崩喀勝樂宮

形如海螺之山石

文成公主親手種下的桃樹

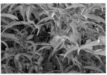

文成公主樓

文成公主樓後的龜形大石

及後人繪色。佛壇右邊，或朝聖者面對佛壇時的左邊，有一尊千手觀音。據說，此觀音像一直在顯靈長高，當初能輕易放進佛龕內的聖像，現在變得頭抵佛龕頂部。

順繞至殿堂右牆，能看到牆上有一藍底金字的石碑，上書觀音六字真言，這就是藏文字被發明後的第一次使用，其典故是這樣的：當年，由於松贊干布的威望，鄰近各國均來使贈禮。松贊干布因西藏沒有文字而無法以本土文字回國書，深感恥辱，便派愛臣吞米桑布扎前往印度學習。吞米桑布扎幾經磨難學成歸藏，便在當時為宮殿性質的帕崩喀研究，終於發明了西藏自己的文字。在大臣出關時，松贊干布親自迎接，命其演示，吞米桑布扎便在牆上寫下了這句觀音六字真言（亦有說是後來松贊干布學習文字後親手所書）。這是藏文字被發明後的第一次正式使用，後人便依牆上文字加工雕刻，成為現在牆上的浮雕。

從齋戒殿沿背後大石左邊順繞，會經過大石下的小洞窟。洞窟稱為「十日殿」，乃因赤松德贊、蓮花生大師、靜命大師曾在此修行十天而名。洞內有蓮花生大師等聖像，牆上的天母雕像傳為自然顯現。

繼續往上走，即達勝樂宮進口。其殿前身為松贊干布所建宮殿。當時，藏王以鐵汁灌造地基，建立了九層高的偉大建築，並為防地震而加以鐵鏈拴牢四

邊,為其命名「紅山宮」(藏語「貢嘎瑪如」)。此建築在後代變動中被毀,經噶登派祖師及後代復興,成為現今所見寺殿。在進口階梯的右邊有一塊石頭,上有天然的「唵阿吽」三個咒字,頗為神奇(若看不清楚,可以乾淨水淋於石上便即顯現)。殿內供奉佛祖、歷代祖師、密法本尊、護法等,並有一尊天然顯現的度母石像。在房子頂層不開放的房間裡,供奉著一些年代久遠的佛像。

　　與勝樂宮對立的黃色建築,是文成公主曾經居住處,其內現今也是佛殿。在此建築的門口不遠處,是文成公主親手種下的桃樹,至今還在開花、結果。

　　在文成公主樓後面,有一塊龜形大石,即當年公主按照風水學說判斷的北玄龜。從文成公主樓遠看,能見附近山頭有石頭堆砌的觀音六字真言。在此之下便是有名的帕崩喀天葬台,但不建議在舉行天葬活動時前往參觀,以免被視為不尊重而產生不必要的摩擦(見「西藏小百科」)。

　　著名的吉祥法林位於文成公主樓東北,只能步行前往,路程約需半小時。

▌吉祥法林

圖上為帕崩喀大師
圖下為帕崩喀大師下馬石

圖左為帕崩喀大師閉關洞
圖右為洞內的自現勝樂金剛眼睛

吉祥法林 Tashi Choling Hermitage

　　吉祥法林在色拉寺後山上，即從曲桑尼院和帕崩喀寺背能看到的後山上黃色建築。寺院無車路可達，朝聖者可從帕崩喀寺沿山路步行過去，約半小時可達。

　　寺院原建於第五世達賴喇嘛年代，後成為色拉寺屬寺；到了20世紀，此寺又被贈予帕崩喀大師。在大師的晚年，很多時間是在這裡度過的。西方國家和漢地的藏傳格魯派佛教徒，傳承多來自帕崩喀大師。在朝拜帕崩喀寺後，正好順道來此朝禮。

　　在吉祥法林的東邊，沿山路往色拉寺方向走約半小時，是一個現為幾位刻苦修行的尼師住持的修行山洞。這是帕崩喀大師當年常作修行的閉關洞，內有色拉後山三隻自現的勝樂金剛眼睛之一（其他兩隻分別在帕崩喀寺和格日尼院附近），入口處洞頂有天然的三角形法源標誌。在洞的後方有一個聖水池，相傳如細聽鐘乳洞頂滴下水珠所發聲音，能隱約聽到滴水聲如同文殊大士咒語「唵阿拉帕扎那迪」。據說，在大師剛進山洞修行之初，這裡只有前洞。一次，一隻神秘的烏鴉飛進了洞裡而隱沒，從此就出現了後洞的這個神奇的聖水池。

　　由於這裡是長期居住深山裡的尼師居處，男性來者宜在較遠距離外清楚說明來意(如無法溝通，可展示哈達表明自己是無惡意的朝聖者)，得到邀請後方進入山洞朝聖、取水。

從吉祥法林遠眺拉薩市

■ 格日尼院馳名自製酸奶

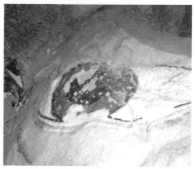

■ 格日尼院附近的自現勝樂金剛眼睛

格日尼院 Kari Nunnery

　　格日尼院（也譯作「格麗寺」、「嘎麗寺」等）坐落色拉寺以西、拉薩最北的娘熱溝裡，交通並不方便。前往尼院有幾個方法，一為參觀色拉寺、曲桑尼院、帕崩喀寺後步行前往，約需兩小時；一為在色拉寺門口和司機商量價錢包出租車、麵包車或拖拉機前往（價格不定，但來回無論如何不應超過五十元）。由於大部份司機不知道寺院所在，也不理解路況，不建議從市區搭計程車前往。寺院雖可坐直達，然而這條由尼師在沒有築路設備的情況下硬開出來的土路並不好走。

　　格日尼院由出名的印度大師帕當巴桑傑創辦，至今起碼有九百年歷史。當時，大師正在前往拉薩途中。經過這裡的時候，大師見一聾牛隱身入石，隨後又幻見諸天女翩翩起舞，便決定在此聖地立寺傳法，寺名「格日」，即「舞蹈」之意。在後世，寺院轉為格魯派。

　　寺院的全盛時期，據說曾有幾百位尼師在此長住修學。在經歷了60年代的風波後，尼院已頗見凋零。改革開放以後，一百多位年輕尼師過著十分貧苦的生活，自己動手，在沒有機械設備、缺乏資金、自己生計也成問題的情況下，挨家挨戶地化緣，自願來到這深山裡重建、恢復這座曾經輝煌的寺院。這裡也許沒有布達拉宮的精美壁畫，也沒有大昭寺的靈異佛像，然而，哪怕只是為了向這種精神致敬，也值得朝聖者一訪。

　　在朝拜主尊千手觀音像等聖像後，也可以要求嚐嚐這裡著名的酸

奶。由於拉薩人習慣把放生的犛牛帶到這裡自由放牧，尼院以傳統方法自製的酸奶，向來享譽全城（據說色拉寺等每逢過節，歷來都到此尼院定購）。然而必須提醒：哪怕熱情好客的尼師不會要求朝拜者為酸奶付款，宜起碼略為供養一點，避免為本來已經生活非常清苦的尼院添加負擔。

　　順帶一提：在前往尼院的土路上一石，上為一自然顯現的大眼。這是色拉寺後山三隻神奇自現的勝樂金剛眼睛之一（另二眼分別在帕崩喀寺外圍及吉祥法林附近山洞內）。

帕當巴桑傑：

　　南印度大師帕當巴桑傑（？-1117）是和米拉日巴大師同期的人物。據歷史紀錄，大師曾數度進入西藏、漢地及不丹等地弘揚佛法，成為藏傳佛教息解派及斷法的祖師、西藏最著名的女修行者、「斷法之母」瑪吉拉尊（1055-1149）的上師。也有部份學者認為，帕當巴桑傑與由印度到漢地傳法的達摩祖師，極有可能為同一人。

 格日尼院

▌哲蚌寺

哲蚌寺 Drepung Monastery

哲蚌寺是格魯派三大寺之一（另外兩座為色拉寺和甘丹寺），位於拉薩西方不到十公里的烏孜山腳。由於很多寺殿下午不開門，朝聖者宜早上前往。從市區前往寺院，可坐公車或搭計程車。搭計程車的話，大概需要二十到三十元之間。

哲蚌寺是達賴喇嘛的母寺，最初由宗喀巴的弟子蔣楊卻傑大師（1379-1449，也譯作「絳央卻傑」等）於1416年建立，其名字是「米堆」、「米山」的意思。在歷史上，哲蚌寺是世界最大的佛教寺院。寺院定制七千七百僧人，可

▌哲蚌寺地圖

密宗院大殿

文殊殿

郭芒院大殿

洛色林院大殿

措欽主殿

甘丹頗章

德陽院大殿

山門

哲蚌寺

▌ 哲蚌寺著名之大威德像（原像乃宗喀巴親造）

▌ 廚房裡的鍋

是學僧數目實際上往往遠超此數而超逾一萬。歷史上，第二世（1476-1542）、第三世（1543-1588）、第四世（1589-1616）、第五世達賴喇嘛（1617-1682）皆居住於此，並經第五世擴建，一度為西藏的政教中心。寺院原有七所僧院，後陸續合併為四院架構，即學習顯宗的郭芒扎倉、洛色林扎倉、德陽扎倉三院及學習密法的密宗院大殿（即阿巴扎倉）。

寺院主要朝聖地點為甘丹頗章、密宗院大殿、措欽主殿、文殊殿、蔣楊卻傑修行洞、郭芒扎倉、洛色林扎倉、德陽扎倉。傳統朝拜路線是從山腳循路標環繞而大概按以上順序次第朝禮。

甘丹頗章

甘丹頗章是達賴喇嘛的居所，也是在五世達賴喇嘛入主布達拉宮前的西藏政教中心。第二到第五世尊者都曾在此居住。在這座宏偉的建築裡，包含了尊者的辦公廳、寢宮、佛堂等，並供有第五世尊者的遺物。

密宗院大殿

此殿的主尊為大威德金剛。在「色拉寺」一章中曾經提到過，色拉寺馬頭明王、哲蚌大威德、甘丹閻摩法王此三尊，並列為極為出名的「拉

■ 措欽主殿

薩三忿怒尊」，甚為殊聖、靈異。這尊大威德金剛像，原為宗喀巴親手所造，裡面裝入大威德法門祖師熱羅譯師的全身舍利。據歷史記載，當時宗喀巴只造了聖像身體部份，而頭部是神奇地自然顯現的。在最初，其聖像自然離地少許，漂浮空中，必須用鐵鏈拉著。原像在一次火災中被毀，後用其剩餘部份再造新像，即現今所供之像。

大威德金剛位於密宗院大殿的後方配殿中。這個配殿是哲蚌寺最早建築之一，乃宗喀巴大師親建於整座哲蚌寺創立以前。密宗院大殿的主體建築，反而是後期在這個小殿前方擴建而成的。

在大殿中、面對佛龕方向時，佛龕的偏左邊有一塊被裝在盒子內的小石頭，石上有一尊天然顯現的度母。

下一個主要的參拜地點是全寺的主殿。在進入大殿前，可先參觀寺院的廚房。由於哲蚌寺在歷史上一度有逾萬僧人同時居住，其廚房裡的大鍋乃全藏最大，十分值得一看。

措欽主殿

措欽主殿甚為壯觀，佔地近二千平方公尺，有一百八十多根柱子，可供八千位僧人同時上殿。殿內左方為吉祥天母配殿；中央前方供奉

■ 圖上為曾經顯靈說話的宗喀巴像
　圖下為曾經顯靈說話的蔣楊卻傑像

▌ 朝聖者於存放大佛畫的櫃子下走過以求加持

文殊像,並供奉達賴喇嘛靈塔及佛祖、宗喀巴、創寺祖師蔣楊卻傑像等;後方配殿為哲蚌寺最古老建築之一（大殿主體乃後期擴建）,供奉三世佛、八大菩薩等像,其中有宗喀巴像、創寺祖師蔣楊卻傑像各一,據說曾經顯靈開口說話;在大殿右邊,是一個大木櫃,內藏一年一度曬佛大會上展示的巨型唐卡。藏族朝香客喜歡躬身在櫃底走過,以求加持。

　　措欽主殿的二、三樓有多個配殿,其中有三個是不可不參拜的。三樓供奉一尊巨大的彌勒像,乃哲蚌寺的最重要佛像。殿門上的牌匾寫著「穆隆元善」,乃清道光時駐藏大臣琦善所贈。進入殿內,能看到大佛的上半身。這尊

▌「見者解脫」彌勒佛像

▌「見者解脫」彌勒佛像
　（牌匾乃清駐藏大臣琦善所贈）

彌勒像內裝有佛陀舍利等無數聖物，據說由宗喀巴大師親自開光。按傳統說，能見此佛像一面者，由於佛像的不共加持力量，來世不墮惡道，並將終得解脫，故佛像名為「見者解脫」（「強巴通珠」）。在殿的左邊角落有一條連到佛像身上的五彩繩子，香客可取繩子以頭頂觸，以求加持。在殿的右邊有一個小桌子，為朝聖者辦理金汁書寫祈禱紙條服務。據說此殿本來供有宗喀巴在創建甘丹寺時出土的神聖白螺。這個白螺很有意義，據說在佛陀年代，釋迦牟尼曾經授記一個小孩說：「此童子未來將在雪域轉生，而建名為歡喜的寺院」，並贈予一螺為記，然後把白螺交予其大弟子以神通帶至拉薩，埋於山中。在宗

朝聖者可持連接至佛像身體的五彩繩祈禱加持

喀巴創建甘丹寺時，便挖出了這個白螺，後由大師贈予哲蚌寺而供於此殿（有些資料說是在哲蚌寺後山挖出，此與佛經授記及歷史文獻、傳記等所載不符，應為錯誤），然而現今似乎已不在，據說是被帶到印度了。如果有預約，此殿亦提供為這尊聞名的佛像面部塗金的服務。

圖左為宗喀巴聖牙舍利
圖右為自現觀音形像的高僧遺骨

　　從彌勒殿走出來，隨著藏族香客的朝拜路線，將到達一個供有另外一尊巨大彌勒像的配殿。此像以其裝藏舍利聖物之多而聞名。佛像前有一面鏡子，乃某古代貴族所贈，亦有說是西藏第一面鏡子，傳說在此面鏡子前照視，有令皮膚白皙之神效，唯典故不詳。

　　在度母殿中，供奉三尊特殊的度母像。當面對佛壇的時候，左邊的是那塘度母、中央為羊卓雍措度母，右為江孜度母；她們分別掌管寺院的水源、財富、威望。在江孜度母前方，有一尊釋迦牟尼小像和一尊小的度母石像。此尊釋迦牟尼小像傳為龍樹祖師從龍宮帶回人間；度母則為神奇的自生石像（顏色乃後人繪塗）。在三尊度母的旁邊有一面鏡子，乃清帝所贈珍品。此殿中央主尊般若佛母胸前有一個盒子，裡面收藏一枚宗喀巴大師的牙齒。此像的旁邊不起眼的角落，另有一個小護身盒，內供高僧班欽索南札巴（1478-1554）圓寂火化後的遺骨，圓寂火化後的遺骨，骨頭上天然現出明顯的十一面八臂觀音形像，甚為神奇。在主尊的兩邊櫃子裡，供奉了一套金汁抄寫的古本「大藏經」，其夾經板為上等檀木，邊飾為象牙雕刻，值得細心觀賞。

圖上為據說能令皮膚
白皙的神奇鏡子
圖下為清帝所贈銅鏡

措欽主殿樓上供奉的著名三度母像之那塘度母　　　　自生度母石像　　　　佛像胸前為宗喀巴牙舍利

▌圖左為蔣楊卻傑的手杖
　圖右為內藏鄔瑪巴大師
　舍利的塔

文殊殿

　　文殊殿牆上之文殊石刻為天然顯現、後人加工繪色。殿內有一位僧人手持內裝蔣楊卻傑大師手杖的鐵杖，朝聖者向前彎身示意，僧人便會以鐵杖在來者背上狠狠地敲擊三數下，以此加持，同時也象徵曾受蔣楊卻傑大師所管教。

　　文殊殿外兩邊各有一座白塔，其中右邊的一座內藏宗喀巴大師的師長鄔瑪巴（1309-1385）的舍利。

▌圖上至下為自現文殊像
　文殊殿內的自現祖師像
　文殊殿內的自現度母

▌文殊殿

康薩仁波且身像

蔣楊卻傑修行洞

從文殊殿往下走幾步，是主殿殿牆邊的石洞，此乃蔣楊卻傑修行處。蔣楊卻傑大師曾在此修行觀音真言二億遍，感得石牆現出許多天然聖像，包括宗喀巴、文殊、閻摩法王等。

郭芒院大殿

郭芒院大殿後方有許多配殿，其中的中央配殿之不動佛像，是郭芒院大殿的主供像。在不動佛像左下方、靠近柱子的地方，供有一尊康

蔣楊卻傑修行洞

薩仁波且身像。康薩仁波且（1890-1940）乃近代著名高僧，師從帕崩喀大師等，弟子眾多，其中一位漢族弟子能海上師（1886-1967）後來在漢地廣弘格魯派教法，影響極大，現今尚存的成都昭覺寺、尼院鐵像寺，及五台山的塔院寺、圓照寺、廣宗寺等眾多漢地寺院和僧眾，傳承均追溯至康薩仁波且。此外，清乾隆帝在佛教上的師長章嘉國師（1717-1786），也是哲蚌寺郭芒院的成員。

在大殿樓上，是女性禁入的護法殿，殿內供奉了一尊原屬章嘉國師的自現瑪哈噶拉護法石像。自現護法像並不公開，被收藏在佛龕後方，其前面供奉一尊金屬像。有關藏傳佛教寺院中女性禁入護法殿的傳

蔣楊卻傑修行洞中的自現佛像

統規定，哲蚌寺方丈特別解釋過原因：「這類殿裡面所供奉的，是具有很猛烈力量的護法。禁止女性進入並不是因為歧視，而是為了保護她們，避免在無意中受到過度猛烈的力量衝擊導致的後果。」

洛色林院大殿

　　洛色林大殿的主供像為彌勒佛，殿內兩旁供有一千多尊無量壽佛像，香客有在佛像櫃底走過以求加持長壽的傳統。

德陽院大殿

　　德陽殿大殿的主供像為彌勒佛。大殿樓上是護法殿，其中一面牆上有自現的乃瓊護法像。在護法殿門口上方，能看到許多西藏古代的兵器作為對護法的供品，被懸掛、展示在天花板上。

　　順帶一提，哲蚌寺有一則有趣的歷史傳說。有一次僧人辯經時，來了多名

▋ 護法殿內懸掛的古代兵器

▋ 代替章嘉大師護法像之金屬像

▋ 千尊無量壽佛

哲蚌寺

■ 熱羅譯師

神秘女子圍觀。女子一邊觀看，一邊指指點點，夾雜著嬉笑。寺僧認為女子不禮貌，便發言驅趕。其中一個女子說：「和尚既然不歡迎，那我們就離開吧！」，說著就一哄而散，各自隱沒、進入寺牆和寺院周邊的大石裡了。從此，寺院不同角落和周邊的石上，出現了多尊自然顯現的度母形像，後人才知道當時圍觀辯經而被趕走的眾女乃度母的現身。在朝拜哲蚌寺時，注意不同角落和周邊，能發現其中好幾尊這些自然顯現的度母。

哲蚌寺的旁邊一公里處，便是規模不大但影響力深遠的乃瓊寺。在朝拜哲蚌後，離開時可以順道徒步前往參拜。

熱羅譯師

熱羅譯師（1016-1198）是著名的佛學家、大成就者、譯師，也是大威德金剛密法五種傳承中的熱羅傳承初祖。譯師一百多年生涯中的求法、修證、傳法、利眾的經歷，具有很傳奇的色彩。

■ 自現度母

乃瓊寺 Nechung Monastery

　　乃瓊寺距離哲蚌寺一公里。如果坐車前往哲蚌寺（從市區有公車來往，亦可搭計程車直達寺門售票處），快到達時會看到乃瓊寺在路的右邊。在朝拜哲蚌後，離開時徒步順道參拜即可。

　　在歷史上，乃瓊寺並不嚴格歸屬四大教派中的任何一派。此寺供奉印度的白哈爾王護法。此護法的最初供奉地點在印度和西藏接連邊境（有說是突厥，也有人認為是指孟加拉），後被遷至桑耶寺。到了第五世達賴喇嘛的年代，再遷移至現址。當時負責的喇嘛是哲蚌寺德陽學院的方丈，他本欲在山上建一座比較大的廟堂供奉，卻見護法化身為一隻白鴿，飛至一棵大樹中隱沒。方丈歎說：「本想在山上建一個大地方，既然護法不願意去，只好在山下挑個小地方吧！」，便在此現址建成了白哈爾王廟殿。寺院被稱為「乃瓊」，正是「小地方」之意。然而，寺院雖小，這裡對全藏卻曾經有著舉足輕重的影響力。在1959前，此處為乃瓊神諭所在地。大小政教事務的決定，包括外交政策，都會

■ 白哈爾王化身白鴿融入而長住之樹的殘幹

■ 圖上為殿門外的忿怒莊嚴
　圖下為門上的骷髏、人皮等繪畫

乃瓊寺

參考乃瓊神諭。

　　從大殿進去，可看到門上的骷髏、人皮等繪畫。這是藏傳佛教中忿怒相護法殿的特徵，同時也為著提醒修行人生死無常的道理。在殿裡的左邊盡頭，是一個供養護法的小房間，內有兩尊護法，分別為其忿怒及寂靜化相。在他們的中間有一根以哈達包裹的木頭，乃當年白哈爾王化身白鴿融入而長住之樹的殘留樹幹。由於此配殿供奉這截樹幹，此殿稱為「忿樹殿」。在右配殿的法座上，供有當年降神師的衣飾、盔甲等。

　　從大殿門外右邊小門，能通往二層和三層：二層供奉宗喀巴像等；三樓供奉一尊六公尺高的蓮花生大師像。

　　大殿隔壁的建築物是佛學院。在這裡，來自西藏各地、四大教派的年輕僧人聚集學法，其教材主要採用格魯著作，但也包括其他派別的論著。

　　從乃瓊寺仰望後山，可以依稀看到一所很小的閉關房。第二、三、四世的達賴喇嘛，都曾在這裡閉關修行。

▎乃瓊寺

🪷 甘丹寺 Ganden Monastery

　　甘丹寺在拉薩市區以東，距離市區大概四十多公里，海拔四千三百多公尺。它是有名的徒步前往桑耶寺朝聖活動之起步點。從市區前往，可以選擇包車或大巴，車程大概需要九十分鐘。從大昭寺廣場附近，每天早上有朝聖大巴專門前往甘丹，回程經過桑阿寺順帶停留朝拜，早上出發，約下午四點回到拉薩。如果包車前往，比較理想的行程是清早出發，順道把甘丹寺附近的桑阿寺，甚至連帶方向不完全一致的扎耶巴洞窟群、策覺林、謝珠林等其他拉薩周邊朝聖地點一併當天朝遍。

　　甘丹寺由格魯派祖師宗喀巴親自於1409年建成，乃格魯派祖庭，也是三大寺中最早創立的一座（三大寺中的其他兩寺為色拉寺和哲蚌寺），至今已有六百年歷史。

　　寺院的名字「甘丹」意思是「歡喜」，乃彌勒菩薩的兜率淨土之名。後來，清雍正帝曾御賜寺名「永壽寺」，但此後賜之名一直並不流行。有關甘丹寺之名，早在兩千多年前，釋迦牟尼已早有授記。「傳授教授王經」中記載，在釋迦佛住世時，有一童子謁見佛陀，並供上一串水晶珠串及發大願心，佛陀便與阿難尊者說：「面前供晶珠童子，能夠興揚正法，在未來濁世中，他將在雪域建立名稱含『甘』字之寺院，他屆時將名『善慧』！」在另一部經中也記述：佛陀把龍王所贈白螺交予弟子目犍連，命祂以神通去到西藏，把螺藏於廓巴日山中，並預言於未來世，將由「持戒與善說如蓮香」之比丘取出。後來，名為「善慧稱」的宗

▌ 甘丹寺

■ 甘丹寺地圖

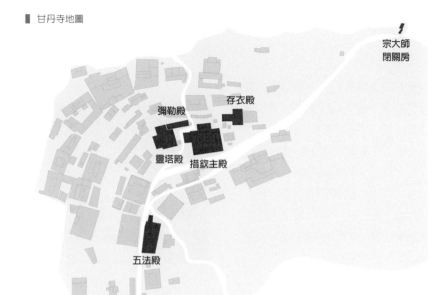

喀巴大師在建甘丹寺時，寺山名「廓巴日」，建寺期間果然挖出一個白螺，這個
白螺現在還保存了下來，本來供於哲蚌寺。

　　和建在山腳的色拉、哲蚌寺不同，甘丹寺是建立在山頂上的，從山腳往上
看極有氣勢。

　　甘丹寺的架構由夏孜扎倉、蔣孜扎倉兩所僧院所組成，但目前主要朝聖地
點為為五法殿、措欽主殿、靈塔殿、彌勒殿、存衣殿、宗喀巴閉關室及後山的眾
多勝跡。

　　到達寺院，門口有很多兜售天馬旗（見「西藏小百科」）和草藥香的小販。天
馬旗在拉薩到處有售，可是這裡的小販提供代掛天馬旗服務。如果希望在聖地掛
天馬旗，自己又無法登山親自懸掛，可以考慮在此購買；如果能親自登山，則不必

一定在這裡購買了,八廓街附近的選擇更多,可挑選後自己在甘丹、色拉後山或扎耶巴等聖地親手懸掛,或拿回居住城市在屋頂懸掛也可。傳統的作法是付錢後手執旗幟祈禱,然後親自或求人掛在高處即可;有些漢人喜歡在旗幟上寫上自己名字,甚至生辰八字和願望等,這雖非西藏傳統,然而也沒有什麼不如法的地方。

▋ 五法殿

五法殿

　　從山門進入寺院範圍,首先會在路的右邊看到一個建築物。這是「昂卻康」(即「五法殿」之意,因宗喀巴曾於此殿為五人傳戒而名),乃寺院形成早期宗喀巴與弟子上殿集會之處。現在其內部已經沒有什麼可觀之處,徒有歷史意義而已,然而反正必須經過,朝聖者也可順道進去朝拜一下。

措欽主殿

　　主殿面積很大,有一百零八根柱子。殿內左牆供奉了一套「大藏經」,香

▋ 措欽殿內的「大藏經」,香客會在經書櫃下走過以求加持　　▋ 仿舊的離地靈柱被鐵鏈鎖在佛龕上,其後為專職看守柱子的護法

看守靈柱的護法

客會在經書櫃下走過以求加持。

此殿原有一根靈異的柱子。當初為了建殿砍木的時候，樹身竟然流出血來；在運輸的途中，木頭又曾神奇失蹤，後在原樹所在地尋回；最後被修成柱子豎立在殿裡後，它卻竟然離地一掌，和地面並不相連。大家認為這根柱子有靈性，而且似乎很不願意被立在此處，便以鐵鏈把柱子鎖在佛龕上。當時還有另外一個典故，寺院一直出現某護法顯靈的事情。經過查證，這是一個叫做「居士」、來自青海的土地神，他為了追隨出生於青海的宗喀巴大師而來到拉薩，並發願成為甘丹寺的不共護法。然而，大師認為這並不恰當，便鑄造了一尊土地神像，供在佛龕上靠近靈柱的地方，命此護法專門負責看守此靈柱。由於這個典故，古代的香客來到大殿，都有摸一下離地的柱底和看看這尊護法之習俗。這根有趣的柱子，在1960年代的變動中被毀。現在重建的大殿中，卻仍然在其原位的新柱上繫上鐵鏈，並在柱後供奉一尊新鑄的居士護法像，以茲紀念。

在主殿的後方中央有一個配殿，內為甘丹寶座。這個寶座原為宗喀巴說法座，在意義上代表了格魯派的最高權威。傳統上，只有宗喀巴的後世官方代表──歷代甘丹赤巴法王──有資格及權利登上此座（在某些特定儀式上，達賴喇嘛亦可暫時登座）。由於甘丹赤巴是宗喀

圖上為甘丹寶座
圖下為甘丹寶座後面的龍宮檀木柱

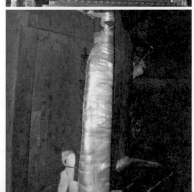

▋ 圖上為宗喀巴及歷代甘丹赤巴
　法王輾轉相傳的學者冠
　圖下為十三世達賴喇嘛的鞋子

▋ 甘丹寶座下方的閻摩護法

巴及整個格魯派的代表，歷代以來均不論貧富地位，唯從最高學者中選出，故有「甘丹寶座本無主，唯怕來者無學識」之古語。在正常情況下，甘丹赤巴任期七年。此榮譽及職銜乃西藏學者中之最高位，掌管格魯派所有寺院，其影響力遠至蒙古等地，地位極為崇高，甚至在廣願大法會等場合上，若達賴喇嘛及甘丹赤巴同時列席，代表尊貴的華蓋是放在甘丹赤巴頭頂上的。寶座的華蓋原由一根傳說為龍宮檀香木柱支撐。此檀香柱現今雖已不全，但在寶座後方仍能看到其殘餘部份。根據傳統說法，甘丹寶座乃由掌管生死的閻摩法王以頭頂戴，無德者無緣登座。由於此典故，寶座下方鑲有一尊工藝精緻之閻摩法王小像。朝聖者來到此處，應恭敬頂禮、供養哈達，並作祈禱。

　　在寶座旁的小桌上，供著一頂帽子及一隻鞋，均以錦布套包裹；帽子為宗喀巴及歷代甘丹赤巴法王輾轉相傳的學者冠；鞋乃十三世達賴

▋ 以金汁手抄的古本經書

宗喀巴的遺牙及遺物（並不公開展示）

喇嘛遺物。若香客恭敬地躬身示意，守護此殿之僧人便會以帽子及鞋輕觸香客頭部，並在其背部大力拍打數下，表示加持、祝福。

在每年的藏曆六月十五，寺院舉行鎮寺之寶的展示儀式。甘丹寺的鎮寺之寶，是明永樂帝所贈之

二十四幅佛、羅漢等的精美繡像（現存二十三幅）。在展示期間，繡像便是懸掛於此主殿中的。

在措欽主殿背後，有一道門通往藏經閣。此處收藏了一套以金汁手抄的古本「大藏經」。這套珍貴經書在文革時被送至北京民族文化宮圖書館，後由十世班禪大師索回而供奉於此殿。

此外，在措欽主殿的一個密室內，保存著宗大師的僧碎、金剛杵，和克主傑大師的隨身本尊像等珍貴文物，平常並不對外開放、展示。

靈塔殿

順序第二個主要朝拜地點是靈塔殿，隨著人流或者自己問問就能找到。靈塔殿在藏語中叫「色董康」，這是宗喀巴大師靈塔所在，也可以說是寺院最神聖的地點了。

大師在一生為弘揚佛法奔波後，於1419年的藏曆十月二十五日在甘丹寺存衣殿圓寂。為了紀念大師，其遺體被保存在塔裡。在每年的十月二十五日，格魯派寺院會徹夜

克主傑的隨身大威德像（並不公開展示）

■ 靈塔殿牆上歷代甘丹赤巴法王白描壁畫

■ 靈塔殿內的飛來石

燃燈，此紀念活動後來影響全藏，成為後來的燃燈節（亦稱「圓根法會」）。時至今日，遠至蒙古、台灣、香港、俄羅斯甚至很多西方國家，都有許多人在這一天燃燈紀念宗喀巴大師的圓寂。

在上世紀60年代，此塔一度被毀。據許多記載說，當時發現大師聖身仍呈柔軟之狀，頭髮和指甲也長了許多，令在場負責破壞的人都嚇了一跳。當時有人秘密把部份遺骨收藏起來，後於80年代重新建塔供養，即現今之新塔。

在靈塔前方是宗喀巴師徒三尊身像，如果有預先帶好金子，殿僧一般接受信眾塗金要求。在塔殿內部的四周，原為歷代甘丹赤巴法王紀念塔，後於文革中被毀，現由牆壁上九十六位歷代甘丹赤巴法王白描壁畫代替。在塔殿的後方左牆角有一塊石頭，傳為從印度廣嚴城飛來（廣嚴城為釋迦牟尼多次說法之處，「藥師經」即為佛陀於此地所作開示）。殿中央的就是大師靈塔，內

■ 宗喀巴大師靈塔

藏大師部份遺體及日常用品等。在塔旁的辦公桌，辦理為信眾寫金汁祈禱紙條的服務。

在靈塔殿門外有一個流通處，出售寺院護身符等，也兼售賣全藏知名的甘丹堪巴香粉。相傳，當年宗喀巴習慣把剃下的頭髮倒在某個角落，後有蒿草長出而蔓延全山，被視為大師頭髮所長出、加持。從此，寺院鑼聲能及範圍內生長的蒿草，都被稱為「甘丹堪巴」，乃寺院的特產，可用作燃點、佛像裝藏或作為藥物，其氣味芳香、天然，燃點有預防傳染病、瘟疫的功效，故甚為藏族所喜愛。在以前，此處亦提供以宗喀巴遺牙造護身符的服務，香客只需付三、兩元，僧人便會在小糌粑團上以大師的一顆牙齒壓一下，成為一枚小的護身符。近幾年來，牙齒已被收藏在一座小塔內，不再對外展示，也再不生產這種很有意義的護身符了。然而，如果認識寺內僧人，或許也能討到一枚以前壓好的聖牙護身符。此處流通的眾多護身

寺院成立六百週年特製甘露丸

以宗喀巴遺牙壓造的護身符

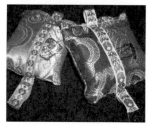
寺院著名的兩種咒輪

知名的甘丹寺閻摩法王像

圖左為大白傘蓋佛母咒輪刻板
圖右為大隨求佛母咒輪刻板

符中，以大白傘蓋佛母咒輪和大隨求佛母咒輪最為出名，前者以一塊曾經顯靈的古刻板印製。這塊刻板本屬色拉寺印經院。在一次印經院失火中，其他刻板毀於一旦，唯獨這塊刻板被發現自己漂浮在虛空中，倖免於難，從此便被視為特別靈異的聖物。在後來，刻板輾轉流傳至甘丹寺。據說，以它印製的護身咒輪，能保護佩戴者免於一切危險、劫難；大隨求佛母咒輪，則以無子者求子靈驗著稱。據說，近年頗多靈驗案例，佩戴五個月以上者無不順利懷孕。兩種咒輪價格約為十五元（2011），並不昂貴。順帶一說，在2009年，寺院為紀念成立六百週年，曾以珍貴藥材、聖物等誦經多天加持、製造了一批三本尊甘露丸，可服用、供奉或作為護身物佩戴，極為珍貴、神聖，並不對外公開派發；如果認識寺僧，或許仍能討得少許。

　　靈塔殿的下層右邊，是女性不能進入的護法殿，其內供奉守護宗喀巴之閻摩法王像。此像與色拉寺的馬頭明王、哲蚌寺的大威德金剛，並列為拉薩三大忿怒尊，由於甚為靈驗，一直以來深受藏族信眾崇拜。根據記載，原像為護法親自融入加持而成，現今供像則為近年以原像殘餘部份裝藏重建之新像。雖然傳統規定女性不得進入此護法殿（色拉寺馬頭明王及哲蚌寺大威德金剛則無限制），女香客可於殿外把哈達等交予守殿僧人或任何男性藏族信眾，請求代為供養（寺僧及藏族信眾對此極為習慣，基本上不必多作解釋已能明白請求，並十分樂意幫忙）。

彌勒殿

　　供奉較大的一尊彌勒像等。

存衣殿

▌宗喀巴寢宮　　　　　　　　　　　▌宗喀巴寢宮內部

■ 克主傑所造觀音像

■ 觀音足印

　　宗喀巴及歷代甘丹赤巴居住的存衣殿亦稱「赤托崗」，此殿保存了宗喀巴寢宮、歷代達賴喇嘛到臨寺院時居住的寢宮等。宗喀巴寢宮亦即1419年大師圓寂之確切地點。

　　在朝拜存衣殿後，朝聖者可選擇繞拜後山勝跡而以宗喀巴閉關房為朝拜終點，或直接前往宗喀巴閉關房朝禮。從措欽殿朝外看的方向說，關房位於寺院建築群的左方懸崖邊上，其牆壁顏色橘黃，從遠處亦不難看到。

　　從寺院建築群直接走至閉關房，會途經山邊的一尊觀音像。此觀音像為宗喀巴命其弟子克主傑刻造。在限期屆滿、宗喀巴來巡視之際，克主傑只完成了佛像的下半身，可是，在宗喀巴到臨時，佛像卻神奇地完成了。因此，大家把此視為觀音顯靈。在觀音像前有一塊石頭，上有幾個指印。傳說在當年為觀音像繪色時，宗喀巴以指插石，石頭便流出了金汁以供為佛像塗金。

　　在顯靈觀音像前不遠處，石面上有一個小小的腳印。據說，在很久以前有一個老翁，他有一頭犛牛，老翁每天以牛奶所製酥油燃點一燈，在此觀音像前供養。一天犛牛失蹤了，老翁遍尋不獲，便在觀音前哭訴：「我的犛牛不見了，以後再也無法供燈給您了！」，此時觀音突然顯靈現身站在石山，為老翁帶回犛牛，並在石上留下了這神聖的小足印。

從寺院主建築群遠眺宗喀巴閉關房

宗喀巴閉關房內部

宗喀巴閉關房內之大石
（石上能見大師手印）

宗喀巴閉關房

宗喀巴閉關房

　　此即當年大師精進修行處。從入口旁的小窗口往內看，是當年大師閉關時所用的灶。進入關房，左邊為以宗喀巴為中央主尊之巖刻浮雕，色彩鮮艷奪目；關房深處右邊牆角露出一塊大石，上有大師手印。此石半邊在關房內，另半邊在關房外懸空。據歷史記載，曾經有一次，大石有滾落而危及懸崖下土地神龕的危險，大師便於關房內施神力手抓大石免其滾落，留下了這個神奇的掌印。

　　家師在回憶年輕時第一次去甘丹寺後山繞拜時，曾經說：「一個同鄉老和尚帶著我沿途介紹，這塊石頭曾經被大師坐過，那塊石頭有聖者的背印……遍山都是神聖的勝跡，頓時不知所措，只能小心翼翼

宗喀巴大師閉關時所用的灶

甘丹寺

地緊隨老和尚的每步，心裡在擔心著一不小心就會誤踩到過往聖人的遺跡……」，由此可知其勝跡之多。正因為勝跡很多而其典故大多依靠口耳相傳，現在的寺僧定期便會相約走一遍，重複述說，互相核對，以防歷史典故失傳或失真。這些古來典故，有的或許是歷史事實，也有部份或許只是後世杜撰的神話，然而無論如何，作為口耳相傳的傳說和歷史，它們極富人文及宗教價值。此處按從山門右繞的順序，把主要地點及其典故列出：

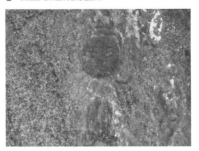

▌ 石上天然顯現的觀音

▌ 天葬台

▌ 天葬台停屍石

形如巨蛇、蠍子的山勢

克主傑和賈曹傑修法處

宗喀巴降魔處

自現觀音等

　　此處石上有多尊天然顯現的度母、觀音形像，甚為逼真。據說若細數，約有二十多尊之多。

天葬台

　　寺院天葬台之主尊為閻摩法王。在距離天葬台有一段距離的地方，有一塊大石。當屍體被扛往天葬台時，背負屍體者一般會在此背靠石頭略作休息，把屍體暫時卸在石面上。相傳，閻摩法王會在此處接應，扛屍者再次上路時，會覺得屍體沒有什麼重量。

宗大師二徒修法處

　　在寺院後山下的平原上，有兩個小山分別形如巨蛇、蠍子，此緣起對寺院不利。宗喀巴的主要二弟子克主傑和賈曹傑，曾於此處面對蛇山、蠍山而修降伏法會，留有兩位大師當時臨時作為法座的石頭。

米拉日巴石

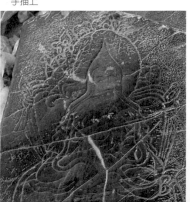
石頭上的宗大師形像，傳為其徒克主傑親手描上

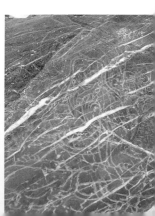
宗大師自畫像

■ 宗大師聖身火化塔

宗大師降魔處

　　據口耳相傳,當時大師在此修行、建寺,引致某魔怨恨。一次,大師在後山散步,此魔便令巨石滾落山坡,意圖傷害大師。此時,大師以神通手舉巨石,其時大風吹來,把大師之冠帽、袈裟、念珠吹落在附近的石頭上,而由於大師的威德力量,它們竟然在石頭上留下了印記。在這裡,能看到當時大師手舉的巨石,和附近石面上的冠帽、袈裟、念珠印記。

米拉日巴石

　　此處石上有一天然圖案,形如以苦行即身成佛的米拉日巴大師形像。

克主傑所描大師像

　　石頭上的宗大師形像,傳為其徒克主傑親手描上。

宗大師自畫像

　　據口耳相傳,宗喀巴在此處背挨大石,一手抵石,以另一手隨意以指甲在石面描出了一幅簡單的白描自畫像。此處能見大師之手、背在石頭上留下的印記,及指甲白描大師像。在自畫像前的石上咒字,據說乃自然顯現,非人工雕刻。

宗大師聖身火化塔

　　1419年大師圓寂後,其遺體本供奉於靈塔中。在上世紀60年代變動中,原來之靈塔被毀,大師身體被移至此小山丘火化。後人在此處建立白塔紀念。

甘丹寺

宗大師穿山處

佛經授記白螺出土處

宗大師穿山處

　　一次，大師在後山散步，此時寺院響鑼呼喚寺僧上殿。大師雖貴為寺院創辦人，然仍需尊重寺規，不能缺席或遲到，可是若翻山或沿原路返回勢必趕不上時間，遂於此處以神通穿山行走，在山的寺院那邊出來。朝聖者來到此處，可見山壁上延伸至山體深處之裂縫。

佛經授記白螺出土處

有關甘丹寺之建立，早在兩千多年

古佛舍利

自現「阿」字石壁（顏色乃後人所繪）

前，釋迦牟尼已有授記。「傳授教授王經」中記載，在釋迦佛住世時，有一童子謁見佛陀，並供上一串水晶珠串及發大願心，佛陀便與阿難尊者說：「面前供晶珠童子，能夠興揚正法，在未來濁世中，他將在雪域建立名稱含『甘』字之寺院，他屆時將名『善慧』！」，並將一白螺交予弟子目犍連，命祂以神通把螺藏於西藏廓巴日山中，以供未來「持戒與善說如蓮香」之比丘取出。後來在宗喀巴大師建甘丹寺時，果然挖出這個白螺，此處即當時白螺出土處。

古佛舍利

　　據說，古代僧人因常見野生動物在此處石堆重複繞圈而行，覺得奇怪，便詢問歷史上某高僧，高僧以神通觀察後告知，此處埋有古佛舍利，故吸引野生動物作繞拜修行。

自現「阿」字石壁

　　傳說一次大師行至此處，突然對故鄉老母十分思念，便脫口而呼：「阿！」，石壁上從此便自然顯現出

一個「阿」字的藏文字母，其字清晰可見，甚為明顯。

酥油裂石處

從前有一位高僧恰瓦曲吉，他的名望很高，不少施主對他常作供養。一次在他坐在這裡的時候，他的俗家親戚對他埋怨、討錢，高僧說：「不是我不給你，可是這些錢是信眾對僧人的供養，當用作佛教用途，非出家人不堪承受！」，說著便把別人供養給他的面前酥油信手倒於大石上，石頭頓時裂開。此石裂破之處至今可見。

藥泥

一次宗喀巴示疾，服藥後把剩餘的少許拋於此處以作加持。因此，後人若生病時，喜在此處取少許乾淨泥土，和藥同服，認為有療病功效。

吉祥天母坐騎蹄印

吉祥天母是甘丹寺之主要護法之一。此處可見石上有一蹄印，深入

▌宗喀巴藥泥

石面，傳為吉祥天母顯靈巡行時其所騎之騾所留下蹄印。

獅面空行母石

此石並無神話典故，乃因天然圖案仿似獅面空行母形態，朝聖者習慣在此處停留略作觀看。石頭前方有一天然石鼓，擊之所發聲音奇妙，亦為歷代香客觀賞之對象。

自現佛像

從此角度，能看到遠處山壁上的一尊自現佛像。

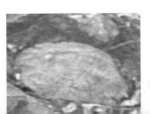

▌吉祥天母坐騎蹄印

閻摩護法磨角處

　　閻摩法王是宗喀巴的護法，頭為具有犄角之牛頭狀。傳說甘丹寺對面之山形對寺院發展不利，護法便常於此處向著對面山丘磿角，以剋制其不祥影響。

　　再往前走便是前已介紹過之宗喀巴閉關房，此橘黃小屋乃後山繞拜之終點，再往前走便剛好回到寺院主建築群了。

　　要把上述勝跡遍禮，大概需要在後山步行約一小時。然而遺憾的是，如果沒有寺僧帶領、指出，漢族甚至藏族朝聖者要自己尋得以上眾多勝跡，恐怕有一定難度。成團的漢族香客，或可嘗試請求年輕寺僧導遊。

▌天然石鼓

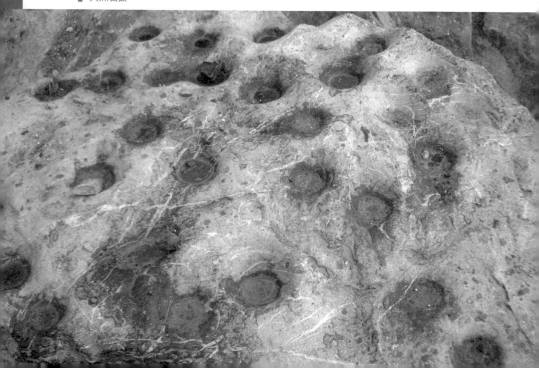

寺院的後山山頂為宗堡廢墟

桑阿寺 Sanga Monastery

桑阿寺也寫作「桑昂寺」，位於距拉薩市區二十公里的達孜縣，和甘丹寺大致相同方向。前往桑阿寺朝拜的理想行程，是去甘丹寺前後順道參拜。

桑阿寺原為噶舉派寺院。在宗喀巴到訪後，寺院被奉給大師，遂成為格魯派寺院。大師曾在此修密集金剛法門。在當年，寺院佛壇上只供著格魯三大本尊中的大威德金剛、勝樂金剛二尊，而不見密集金剛聖像，

其含意是寺院的本身就是密集金剛，不必另立身像。

此寺是古代參拜甘丹寺必經之地。西藏有句老話「去了甘丹而沒去桑阿，等於朝聖還沒圓滿！」（西藏的老話，常見「XX了而沒XX，等於XX了而沒XX」的句式，風格和現代的廣告詞有點像；其他真實古語例句還有：「去了拉薩而沒拜大昭，等於沒有去過拉薩！」、「朝了大昭寺卻不去扎耶巴，等於做了新衣卻忘了做衣領！」等等），由此可見桑阿寺在歷史上的重要性。也因為這個原因，每天從拉薩出發往甘丹寺的公共大巴，回程會免費停留桑阿寺讓乘客順道參拜。歷代的達賴喇嘛

騎馬往返甘丹寺的途中，按傳統也必須在這座寺院停留一晚。

　　桑阿寺建在山腳，其背後的山頂是頗具攝影價值的達孜城堡廢墟。寺院主修密法，原屬甘丹寺的下寺。有關寺院之得名，一些西方學者認為出自梵文「僧伽」一詞，然而此推論似為錯誤。「桑阿」之寺名，推想是原指「密咒」之意。

　　在原來的大殿中，曾供有宗喀巴大師親徒克主傑大師親手塑造的瑪哈噶拉護法像、曾經顯靈說話的藏巴拉財尊像、立體密集壇城等寶物，還有供歷代達賴喇嘛到臨寺院時使用的法座。此尊瑪哈噶拉護法像很有來歷。相傳，當時克主傑大師在塑造這尊護法時，有三位來自安多地區的香客來到寺院，要求朝拜這尊護法像。克主傑告訴他們，這像只造好了下半身，還沒完成，不適合朝拜，讓他們到樓上別的佛像前朝禮，三位香客便到樓上去了。過了很久，沒見他們下樓離開，僧人到處找都沒看到他們。克主傑覺得有異，便到只有下半身的瑪哈噶拉像前察看，卻竟然發現不知道在什麼時候護法像已經造好了。大家認為那三位香客是護法的化身，親自融入了聖像之中而完成造像，從此此尊護法便被視為特別靈異了。有關寺中的藏巴拉財尊像，也有一段很靈異的典故：歷史上有一位很出

桑阿寺大殿

■ 供達賴喇嘛到訪時使用的法座

名的色拉寺龍度喇嘛（見「大昭寺」及「色拉寺」）。一次，他在為大昭寺等身佛像供養了一盞金燈後，來到桑阿寺朝聖。在來到此財尊像前的時候，財尊竟然顯靈開口問大師：「怎麼沒供金燈給我？」後來，龍度喇嘛便用銅打造了一盞貼金的油

燈，權作代替。因為這個典故，此像被視為很靈異的佛像。

文革後的重建工程，並沒採用原來的大殿，而實際上是個新殿（原殿就在現在的新殿旁邊）。新殿的主殿像為彌勒佛。除了格魯派寺院共通的祖師、本尊、佛像以外，新殿裡還供奉著以歷史上的鎮寺之寶克主傑大師親塑的護法像碎片重塑的瑪哈噶拉像。大殿的中央，是供達賴喇嘛到訪時使用的法座。在二樓，供有仿古新造的立體密集壇城。

■ 瑪哈噶拉（原像乃克主傑大師親造）

■ 立體壇城

▍策覺林

策覺林
Dip Tsechok Ling

建於1790 年的策覺林（亦作「次覺林」）， 位於拉薩以南大約七公里處，與拉薩城隔河相對。前往朝拜的最簡單方法是找信佛而又懂路的藏族司機，商量好價錢直接搭計程車前往（可考慮同一行程安排甘丹寺、桑阿寺等聖地）。

拉薩地形有天然的八吉祥物：色拉寺後山有華蓋和海螺；而從市區東面拉薩大橋渡河時，面對著的那個山則叫作「寶瓶山」（藏語「奔巴日」；這是漢人和四川藏族的護法神山），形如寶瓶的山石從橋上清楚可見。過橋後右轉沿河走沒多久後，在寶瓶山腳左轉，此處有寺院路牌指示方向，再走不久就到達寺院了。

策覺林是第八世達賴喇嘛的師長噶欽仁波且駐錫處，乃傳統說法中的四大林之一（其他三者為丹吉林、功德林、策墨林）。在西藏口語習慣裡，在提及這個寺院時，一般會加上地名而稱為「直策覺林」，但其正名其實叫「扎西桑丹林」。

寺院目前正在重建，現有數十多位常住僧人。除了格魯寺院常見的佛、菩薩、祖師像以外，重建的大殿還供有第八世達賴喇嘛和其師長、寺院創始方丈噶欽仁波且的身像。

如果從富麗堂皇或者意欲朝拜歷史上知名聖物的角度來說，重建後的策覺林大概無法讓來客覺得滿載而歸。然而，策覺林畢竟曾為較重要寺院之一，而且沿途風景優美，途經傳統藏族自然村莊，對有富裕時間的朝拜者來說，還是值得一去的。

▌阿底峽修行洞

扎耶巴洞窟群 Drak Yerpa Hermitage

　　扎耶巴洞窟群（也譯作「查葉巴」；亦稱「耶巴」）在拉薩東北方向的達孜縣境內，距市區約三十公里，車程約為一小時。從大昭寺廣場，清晨有班車前往，原車下午返回。班車直達山腳門票處（淡季常無人賣票）。

　　此洞窟群據說最初為松贊干布為其五妃所建五道場之一（扎耶巴乃為蒙薩妃而建；其他四道場為大昭寺、小昭寺、魯普巖寺及帕崩喀寺），也是四大隱修地之一。自公元7世紀始，這裡已成拉薩重要聖地，故有 「西藏聖地在拉薩，拉薩聖地在耶巴；朝拉薩卻不去耶巴，好比做了新衣卻缺了衣領！」之諺語。

　　扎耶巴有松贊干布、蓮花生大師、帕當巴桑傑（見「格日寺」）、拉隆貝吉多吉、阿底峽等大師先後在此閉關潛修的遺跡。據說，格薩爾王（見「關帝廟」）也曾在此活動，並在後山留下了射箭穿石等勝跡。按傳統的形容，這裡有一百零八個修行洞穴，然而實際數目似乎是八十左右，建於不同年代。從山腳仰望，山形如同一尊度母。

▌扎耶巴洞窟群　　　　　　　　　　　　　　　　　　▌彌勒像

圖左為法王洞
圖右為拉隆洞

在歷史上，這裡曾經有一所噶登派寺院、上密院結夏安居的專用道場，及一座約有三百僧人長住的格魯寺院。阿底峽大師在此處曾廣為說法，現仍留有露天法座遺跡，然而噶登派寺院已不復存在；上密院結夏安居的專用道場，在1959年後只餘廢墟；格魯寺院現今則開始恢復。在山上香客罕至的洞裡，現今仍有隱士長期居住，閉關修行。

傳統上，香客一般會集中朝拜幾個最重要的洞穴。如果在早上到達，跟隨藏族香客上山即可。如沒熟路的藏族老人以供跟隨，可沿上山的簡陋階梯自行上山，沿途注意箭頭路標，大致便能找到順序朝禮的傳統路線。

沿著傳統朝禮路線，第一個洞是緣起洞，在上山時的左邊。此洞是阿底峽大師的修行洞。如果沒有準備零錢供養，在這裡可以兌換。順路繼續走，就到了金剛手洞，內有

天然形成的金剛手大士形像。然後是供有一尊很高大的彌勒像的彌勒殿。此殿據說由克主傑大師所開，原供之像乃前藏最大的一尊。據說此洞是古代長期在扎耶巴各洞苦行的眾多行者聚集同修的地點。

家師祈竹仁波切在1950年代曾經朝拜扎耶巴。據仁波切說，當年的這尊彌勒像讓他印象很深刻。這不只是因為佛像的高度，而因為此尊彌勒腳穿鞋子、手執一隻類似吐寶鼠的動物，非常罕見。有關佛像的鞋子，典故如下：在西藏歷史上，有一位似傻非傻、有點像漢文化中的濟公那樣的傳奇性人物（即「大昭寺」章中曾經介紹、要求等身佛像為他看守靴子的同一人）。在他從遠地朝聖來到此尊本來沒有鞋子的彌勒像時，他對佛像說：「咦，這麼冷的地方，怎麼您光著腳啊？我發願供養您一雙鞋。請您提起腳，讓我量量。」此時，由於他的真誠，佛像竟然顯

蓮花生大師足印

扎耶巴老僧收藏之自現咒字石

靈抬腳了。後來，此奇人再次來到朝
聖，帶來了鞋，佛像再次顯靈抬腳讓
他穿鞋。從此，這尊佛像成了西藏
唯一穿鞋的彌勒。至於佛像手上的
吐寶鼠，仁波且則從來沒讀過相關
的典故記載。此原像於政治變動中
被毀。現在殿裡所供的，乃80年代根
據常見的彌勒形像所新造，並非手
執吐寶鼠、腳穿鞋子的原來形像。從
彌勒殿繼續沿路走，是松贊干布修
行的法王洞，裡面有他當年閉關的
小洞。再繼續走是拉隆洞。這是歷史
有名的拉隆貝吉多吉當年修行、躲
藏追兵的洞穴。拉隆貝吉多吉是公
元9世紀年代的人。當時，西藏正值
邪惡的朗達瑪王滅佛之黑暗年代。
拉隆貝吉多吉出於悲心，成功行刺
朗達瑪王，後逃至扎耶巴的這個洞
內躲藏。此洞本存有拉隆貝吉多吉
的帽子，於1960年代失去。下一個洞
是和蓮花生大師相關的月亮洞。相

▌ 月亮洞

傳，大師曾經在此修行七個月。洞裡
收藏了大師以神通在石上踩出的腳
印。此外，赤松德贊的一位王臣，曾
在此修得成就而乘月光飛行天上。
此洞的得名，正是源出這段典故（亦
有說是因蓮花生大師以神通打穿石
壁成月亮形天窗而得名）。

除了以上聖洞，扎耶巴還有集眾
舉行會供法會的十日洞、蓮花生大師
修行處太陽洞和密洞，還有因修勝樂
金剛法門的高僧曾顯示神通把鈴掛
於虛空中而得名的鈴洞。

傳說，阿底峽大師在離開扎耶
巴的時候，把自己的念珠撒在大地
上，神變為一百零八座白塔。也有
另外一說：為了紀念阿底峽大師，
後人把他的念珠拆開，以此裝藏，
建立了一百零八座白塔。其中的一
些塔至今尚存，在山腳處可見。

扎耶巴洞窟群

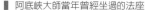

洞內供奉的拉隆貝吉多吉　　▌拉隆貝吉多吉以神通在石上留下的足印　　▌阿底峽大師當年曾經坐過的法座

■ 度母寺

■ 藏有那洛巴大師舍利的塔

☸ 度母寺 Drolma Lhakang

度母寺（「卓瑪拉康」）位於拉薩市南方約三十公里處、市區往機場的老公路右邊。

度母寺和聶塘大佛都是市區、機場之間的必經之地。如三、四人同行乘坐飛機到達拉薩，可考慮從機場直接包出租車前往市區，預先徵求藏族司機同意順道參拜寺院和大佛（包車價錢和四人乘搭大巴相差不遠）。否則的話，可從市區搭計程車前往。

寺院雖小而不為漢人旅遊熱點，卻是拉薩甚至全藏最重要朝聖地點之一，其藏寶甚多、風格獨特，

而且對西藏佛教歷史影響極大。近年來，此處已成為許多西方遊客必到之處，而由於寺院創始人阿底峽原為孟加拉太子，也有孟加拉香客遠道而來朝拜。

在11世紀，西藏佛教陷入空前混亂的情況，戒律鬆散、顯密相爭。當時之藏王求請原為太子的年邁高僧阿底峽進藏弘法。大師進藏以

■ 圖左為喊疼彌勒
　圖右為阿底峽隨身攜帶的度母

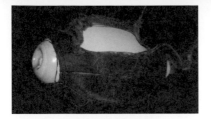

來自印度那蘭陀佛教大學的海螺

後，廣為開示，令當時佛教進入前所未有的興盛巔峰。大師晚年在聶塘建度母寺弘法，於1057年圓寂於此。他的教法，為以仲敦巴為首之弟子繼承，從而在熱振寺發展出噶登派，並直接影響了後世的噶舉派及格魯派。如果說熱振寺是噶登派的祖庭，度母寺就是它的搖籃。

由於阿底峽來自印度，度母寺的建設風格明顯反映了強烈的印度寺院建築風格影響，而且千年以來改建、重修極少。在文革年代，孟加拉政府透過外交途徑，要求中國保證其古代太子之寺院不受破壞，度母寺遂得全面保護，免於浩劫。

寺院主殿由三個殿堂組成。朝拜者從左殿進入，殿內供有內藏歷代噶登派祖師的靈塔。右邊的一座塔，內供阿底峽、瑪爾巴大師等之師長那洛巴大師的舍利。

中央殿堂供奉千年古佛像多尊，包括二十一度母等。在佛壇中央，有一尊立相的彌勒佛，其名稱為「喊疼彌勒像」（藏語「啊察香巴」）。相傳在某年代（有說指朗達瑪王滅佛的年代），一位首領率眾到臨寺院準備大事破壞。他站在此佛像前說：「你們拜這些佛像有什麼用？佛像是死物，你用針扎它，它也不懂得叫疼呀……」，邊說邊用針扎佛像。此時，佛像突然顯靈大叫了一聲：「啊察！」（相當於漢語中之「哎呀！」），長官被這一下嚇得連跌帶滾地逃了，寺院才得以保存，從此這佛像理所當然地成為了寺院之寶。此外，此殿亦藏有一尊小度母像、一個白螺和一座小塔，輕易不示人。朝拜者可嘗試向寺僧懇求，有時便能如願。如隨身帶著金子，亦可要求寺僧進行塗金。此三聖物為阿底峽大師從印度帶來，代表諸佛的身、語、意。度母像表佛

阿底峽大師隨身攜帶的塔

身，傳說此像曾多次顯靈與大師對話；白螺表佛語，此螺本為古印度著名的那蘭陀佛教大學喚眾上殿所用；小塔為檀香木所造，代表佛意。此三者為大師隨身之物。根據大師傳記記載，大師一生極重戒律，若有輕微違犯，便會馬上取出隨身佛像、佛塔，當街頂禮、懺悔。想來，傳記描述的大師隨身佛像及佛塔，很可能便是指此三者。此外，據說殿裡也收藏大師之皿器，內供大師部份骨灰，然而此似乎後來在孟加拉國要求下被交還，現供奉於該國紀念館中。

右邊的殿堂，供奉阿底峽年代塑造的無量壽佛、迦葉佛及八大菩薩等。據口耳相傳，當時阿底峽取石捏

碎而吹氣，碎石撒在地上便成為了這幾尊佛像；另一種說法是，阿底峽取小泥團吹氣，每吹一口氣就念一句無量壽佛咒，再交給工匠糊上，這樣地流水作業加持塑造了主尊無量壽佛。然而，根據阿底峽傳記描述，大師似乎並不喜歡顯示神通，相信第二種說法比較可靠，而前者可能只是它的渲染演變版本而已。在此殿中央有一個法座，此即當年大師說法之原來講台。法座上的一尊大師身像，是大師尚在生時弟子所造兩尊身像之一。

從大殿右邊出來，可觀賞殿外的四大天王立體造像。和漢地寺院不同，西藏後期寺院多以壁畫形式表達四大天王。度母寺的天王卻是

▌圖左至右為阿底峽親自參與塑造的無量壽佛像　｜　阿底峽親自看過的自身像　｜　和西藏風格完全不同的天王塑像

度母寺

■ 供有阿底峽袈裟的塔　　　■ 供有仲敦巴衣袍的塔

風格特別簡單的立體造型，和大部
份其他西藏寺院風格大異，體現了
古印度佛教的造像風格。

　　殿前迴廊上的兩座白塔，其一
內供阿底峽袈裟，另一則藏有其首
徒仲敦巴大師生前所穿外套。

　　在寺院對面約一公里處，是大
師當年居處，也是大師圓寂的確切
地點。此處原供十萬小泥佛像及紀
念大師圓寂的大塔，現只有重建、內
藏部份大師骨灰的新塔。若欲前往，
朝拜者可請求寺僧帶領。

■ 建在阿底峽確切圓寂地點上的紀念塔

聶塘大佛 Netang Buddha

聶塘大佛(也作「聶唐大佛」、「聶當大佛」、「聶湯大佛」等)在拉薩市西南方約二十公里處,距離度母寺六公里,就在市區往機場的老公路路邊。

度母寺和聶塘大佛都是市區、機場之間的必經之地。如三、四人同行乘坐飛機到達拉薩,可考慮從機場直接包出租車前往市區,並預先徵求藏族司機同意順道參拜寺院和大佛(包車價錢和四人乘搭大巴相差不遠)。否則的話,可從市區搭計程車前往。

聶塘大佛是一尊釋迦牟尼坐相的摩崖石刻,高約九公尺,色彩鮮艷,乃西藏最大的摩崖石刻佛像,有上千年歷史,相傳為元代國師八思巴所建。

在公路邊下車,可尋找適當角度拍攝(來往車輛速度極快,必須注意危險)。如要參拜,則可進入設於大佛腳下的朝佛區。

由於佛像高大,供養哈達有點難度。藏族香客用哈達包裹泥團以增加重量,恭敬而大力地拋向石崖佛像週邊的山壁上。由於泥團有水份和黏性,哈達便會黏在山壁上。然而,為避免舉止不當或拋擲瞄準不佳而導致其他香客反感,不建議無經驗者嘗試。

▌聶塘大佛

謝珠林
Shadrubling Monastery

　　謝珠林寺距離拉薩貢嘎機場不遠。比較理想的前往方法，是從機場門前的路口租麵包車往崗堆鎮的雪村後山（村前有路可開車上山直達寺門；2010的包車價錢據說約為30元），或從拉薩找懂路的藏族出租車司機包車前往。同行程中，順道可參拜在機場往拉薩路上的度母寺和聶塘大佛。

　　這座寺廟由五世達賴喇嘛修建，乃尊者所建的「十三林」之一。它的全名是「甘丹謝珠林」，其中「甘丹」是表明宗派為格魯，「謝珠林」則是「講修洲」之意。拉薩的老百姓，一般把它稱作「貢嘎謝珠林」。此外，由於五世尊者當年也擴建了布達拉宮，此寺也被譽為「小布達拉」。

　　寺院座落高山之上，面向雅魯藏布江，地處山頂平台，不論從山腳仰視或從寺院俯覽，風景都絕美，是攝影、欣賞自然景觀的理想地點。

　　謝珠林有兩件鎮寺之寶，一為以宗喀巴大師親手書寫的經文紙條裝裱的老唐卡，另一為吉祥天母人間化身的千年肉身像。唐卡的主尊

謝珠林

位於山頂的謝珠林

是宗喀巴大師，其四周有長條、黑底金字的經文，正是宗喀巴大師親手抄寫的。

　　有關上述的肉身像木乃伊，一般說是吉祥天母的人間化身（也有說是度母、長壽天女化身的），其歷史典故如下：

　　幾近一千年前，阿底峽尊者從印度赴西藏弘法。在赴拉薩的途中，一位十二歲的藏族小女孩遙見尊者，便突然心生敬心而把身上所有貴重飾物都供養了尊者。當時的阿底峽，在西藏尚未有其後來的名氣，和女孩也互不認識。當女孩父母得知後，氣得把女兒毒打了一頓。姑娘痛苦不堪投河自盡，卻神奇地被給拖上了岸。鄉人見其投水不死，便認為她是妖怪，最後把她煙燻而死。後來，阿底峽尊者便以神通，顯現出少女神識化為天母的情景，並讚歎女孩以身命供養的功德，此時人們才醒悟她是吉祥天母為護持西藏佛教而作的示現，遂把女孩肉身建寺供養，其後身像自然收縮至只有一肘高，據說隨求必應，極為靈驗。

從寺院俯覽，風景絕美

▌ 吉祥天母少女化身肉身龕

　　此像在文革動亂中幾乎毀於一旦，於恢復宗教信仰自由後才得以重見天日，但因頸部關節曾經被毀而導致頭部下垂歪斜，原來白色的皮膚變成深褐，所幸其餘身體部份未遭破壞。她的頭髮和指甲，至今仍在神奇地生長，筆者就曾親眼目睹僧人為她修髮、剪甲。據說，這是全西藏唯一尚存的肉身像。寺院的僧人說，每天晚上，天母殿都會傳出騾子的蹄聲，頗為靈異。

　　肉身像大小如五六歲的女孩，呈度母坐姿坐在神龕裡。如果誠懇相求，寺僧一般會允許朝拜者進入護法殿謁見朝拜。近年來，不少求生男、生女的當地朝拜者前來祈禱，無不如願。

　　順帶一說：據推想，寺裡應該是有洗手間的，可是僧人多會指示來客通過廚房，到寺院後方露天解決。從這裡的角度和高度看出去，景觀極為壯麗，很適合攝影。

▌ 景觀極為壯麗

🏵 熱振寺 Reting Monastery

熱振寺（也譯為「惹真」、「惹珍」、「惹震」等）在拉薩的北方，距離市區約四、五小時車程（和前往達隆寺是同一條路），路況極差。每天清晨，拉薩客運站有一班次似乎中途也停達隆寺的大巴前往，當天來回。

這座現今甚為凋零的古寺，雖不為漢人導遊、遊客所熟悉，然而它在西藏佛教史上卻有著無比重要的地位。

在大概一千年前，印度高僧阿底峽來到西藏弘法，後圓寂於現在機場附近的度母寺。1057年，大師的首徒仲敦巴帶著大師部份骨灰等，來到了熱振寺所在地，建立了這座寺院，並長期在此修行、開示，直到圓寂，發展出後來對各大教派均影響深遠的噶登派傳承。我們可以說，度母寺是噶登派的孵化地，而熱振寺則為噶登派祖庭。在1397年，宗喀巴大師到此修學，後又於此地開示，更在這裡著成曠世巨著「菩提道次第廣論」。由於大師的威望，熱振寺逐演變為亦稱「新噶登派」

■ 上圖為熱振寺

■ 左圖為宗喀巴
　大師手稿鑲邊
　唐卡

▋ 西藏文化習慣以寺殿柱數形容面積

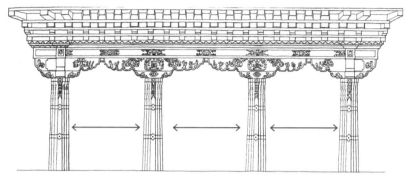

的格魯派屬寺。寺院後來產生的熱振仁波且世系，更曾擔當西藏攝政之職（見「錫德扎倉」）。

每逢羊年的七月十五，即每十二年一次，相傳十萬空行母會在熱振寺周邊地區聚會，寺院舉辦「十萬空行母法會」，來自西藏各地數萬僧俗雲集於此，參與為期七天的念誦、供養、展佛、法王舞等活動，乃西藏佛教界盛事。

進入寺院範圍，先會看到成片的千年古柏林。相傳此處是仲敦巴大師撒髮地點（亦傳說柏林為仲敦巴頭髮長成），歷來無人砍伐。這些參天的老樹形態各異，大多高逾二十公尺，最高的甚至有三十多公尺。

靠近主殿的地方，能看到幾處

遺跡，包括曾經供奉阿底峽、仲敦巴骨灰的靈塔和熱振寺老殿廢墟。西藏的寺院殿堂，向以柱數為面積的度量衡。這座老殿廢墟，本為全盛時期的大殿，其柱數比甘丹寺能容納幾千僧人同時上殿的一百零八柱大殿還多，由此可見寺院當年的興盛。附近的一個小方形建築，至今尚存仲敦巴親寫的觀音真言石碑。

▋ 古柏林

熱振寺

■ 大殿

　　大殿供奉仲敦巴大師等聖像，並有一角為宗喀巴大師當年初次開示「諸功德根本頌」的確切地點。此殿展示兩塊神奇的石頭，其一有大然的觀音身形圖案，另一為自現的觀音真言咒字。

　　在偏殿中，供奉了寺院的鎮寺之寶——文殊金剛像。這尊具千年歷史的文殊金剛來自印度，傳說由文殊大士親造、極為靈驗。這尊佛像傳說曾經顯靈說話三次之多，第一次是九百多年前某高僧步入殿堂時，佛像突然開口說：「進殿請脫鞋！」佛像平常並不對外開放，唯一能看到的機會是在適逢為佛像塗金的時候。由於佛像不大，塗金所需的金子其實不多。希望為此神聖佛像塗金的朝拜者，可預先備好金子自己帶來。塗金時，幾位負責的僧人會組成小型儀仗隊，沿途吹螺恭請，把佛像從內殿隆重請出。

　　此偏殿在1959以前，曾存有一面以「大藏經」堆砌的經牆。據歷史記載，此經牆常出現靈異現象。在風調雨順的年份，經函會顯得很整齊地陳列在書架上；在戰亂的年度，僧人會發現經函放得雜亂無章，甚至出現經牆莫名其妙地自己倒塌的神秘現象。

　　在別的小殿裡，能朝拜第五世熱振仁波且在五歲時顯現神通，在石上踏出的腳印。此外，還有格薩爾王年代的將士盔甲、第四世班禪大師騎馬在石上踏出的蹄印石。在蹄印石旁邊，展示著一塊據說與龍族有關的有趣石頭，其紋理如同

■ 仲敦巴大師親寫的觀音真言碑

■ 自現觀音石

■ 自現觀音真言石

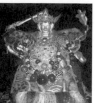

圖左為宗喀巴大師說法處
圖右為熱振寺鎮寺之寶文殊金剛像

一條活靈活現的蛇被鑲嵌在石裡。

朝拜完各殿堂，可往後山上閉關處朝禮。此處從山腳可遙見，乃仲敦巴、宗喀巴、達隆塘巴（見「達隆寺」）等大師之修行處。六百年前，宗喀巴大師便是在此地點寫出了格魯派最重要的論著「菩提道次第廣論」。

在離開寺院前，可向僧人請購熱振寺特產草藥香粉。此香是天然植物曬乾而成，別無加工，呈棕色粉末狀，對淨化空氣、預防感冒很有奇效。

「菩提道次第廣論」和「諸功德根本頌」：

「菩提道次第廣論」是一部由宗喀巴大師著寫的巨著。它涵蓋了三藏佛法精髓，並依修行的合理順序排列，故此被視為富代表性意義的藏傳佛教論著，亦為格魯派的根本論著之一。由於其重要性和代表性，「菩提道次第廣論」現今已有多種版本的漢文、英文譯著，在西藏、漢地乃至西方國家，被許多人視為最重要的佛法教材之一。

「諸功德根本頌」是宗喀巴大師著寫的簡短頌文，其內容是與「菩提道次第廣論」一致的道次第教法，乃格魯派僧俗日誦的主要祈禱文。

班禪喇嘛馬蹄印石

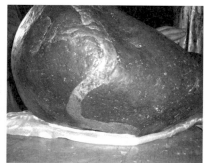

相傳與龍族相關之神奇石頭

達隆寺 Talung Monastery

達隆寺（也作「達龍寺」）是達隆噶舉派的祖庭，距離拉薩市約一百二十公里，屬於林周地區，路況非常顛簸。從拉薩前往熱振寺，達隆寺大概是在中途。

本寺由以苦行清修知名、極具威望的噶舉派大師達隆塘巴大師（1142-1210）建於1180年，原址本為噶登派仲敦巴、格西博多瓦住處。寺院由達隆塘巴大師親自住持近三十年，以苦行、戒律清嚴而被當時大眾稱頌，逐形成噶舉派裡的達隆支派，吸引了當時許多有心修行的人前來學習。到了達隆塘巴圓寂時，寺院已發展至三千僧人之多。到了後世，全盛時期甚至曾經超逾七千僧人之數。

達隆寺有三支轉世化身世系，分別為達隆夏祖、達隆瑪圖、察楚仁波切歷代世系。

▋ 達隆寺

楚布寺圖中左方為護法殿,中央是
大殿,右方黃房子為祖師殿。

楚布寺 Tsurpu Monastery

　　楚布寺(亦作「祖普」、「楚浦」等)在拉薩的西北方海拔四千三百公尺的山上,在距離拉薩七十公里的堆龍德慶縣內。從大昭寺廣場附近每早約七點有當天往返的中巴前往,客滿即走,車程約為三小時,下午約三點回程,車費是十五元(2010)。如果包車前往,約為兩、三百元(2010)。

　　在1159年,第一世大寶法王(1110-1193)五十歲時前往東藏地區途經此地,便立石、供養護法;到了1189年法王八十歲時,才再次到臨,並正式建寺。從此,楚布便成為了噶舉派中之噶瑪支派祖庭,其全盛時期有數千名長住僧眾。寺院顯密並修,依循岡波巴大師(1079-1153)的大手印教法傳承,及噶登派道次第教法傳承等。近年來,由於十七世大寶法王的威望,寺院常見兩岸三地的漢族噶舉派弟子前來朝聖。

　　楚布寺位於一個山谷中,背靠觀音聖山「大悲山」,前有瑪哈嘎拉聖山「大黑山」,谷中主峰則為彌勒聖地「大慈山」。在寺院的後山,有許多閉關房,其中有些是歷代大寶法王修持的地方。在過去的變動中,這些閉關房多被破壞,但現今陸續復建,並有修行者在此進行傳統的三年零三個月閉關專修。在寺院的四方各有一座佛塔,東方為白塔,南為黃塔,西方有紅塔,北有綠塔。寺院的背後,是派內地位顯赫、名聞海外的嘉察仁波且之寺院。在寺院旁邊是殊利寺,其法台為歷代殊利仁波且。現世的殊利仁波且生於不丹,在港、台地區弟子眾多。在距離寺院

大殿

■ 天鐵鑄造而成的護法

不遠的地方,有一個傳說由某世大寶法王以手杖擊地變出的水泉,泉水甘冽,被視為聖泉。

進入寺院範圍,首先會看到大殿廣場。每年的藏曆四月初十,寺院在此舉行盛大的蓮師法王舞儀式;每年十二月二十九,則舉行瑪哈嘎拉法王舞儀式。大殿正前方的石碑為古代所立,其上紀錄了建寺經過,很有學術研究價值。廣場上的幡柱,乃過往大寶法王以神通令其自動豎立而成,在歷史上甚有名氣。

朝拜楚布寺的人,一般按護法殿、大殿、靈塔殿、大佛殿、祖師殿的大概順序而朝禮。

護法殿

護法殿是廣場左邊的紅色建築物(以面對大殿方向描述),其內為若干小配殿。在最左邊的配殿中,供奉了寺院的不共護法。這尊護法稱為「白拉堅」,其身藍色,一面二臂,手持月刀和顱皿,乃瑪哈嘎拉的其中一種化相。大護法像旁邊的桌子上,供著一個小佛龕,內有一尊小的護法像,這是用天鐵鑄造而成的,乃寺院鎮寺寶之一。盒內天鐵護法像的旁邊有一塊石頭,其上顯現出天然自現、很卡通化的金剛手形像,驟眼看有點像反過來的北京奧運會徽標。

■ 白拉堅

曾顯靈離地飄浮空中七天之久的「空住像」

無量壽佛和彌勒佛的合一化身

大殿

　　大殿正門前右邊的小房間，是接待供養事宜的地點，欲供養寺院、僧眾者可在此辦理。

　　大殿中央是法王的寶座。現在的第十七世大寶法王之登座儀式，當年就在這裡舉行。大殿後方為佛龕。在佛龕左邊有一個小銀盒，內供一尊祖師像，乃第八世大寶法王（1507-1554）為紀念其師桑傑年巴（1457-1525）所造，據說當年造成後聖像曾顯靈離地飄浮空中七天之久，故名「空住像」，亦為寺院的鎮寺寶之一。如果香客恭敬彎身示意，寺僧通常樂意把此聖像捧出，讓香客頂觸以求加持。順序往右走，是一尊佛像，其介紹是「無量壽佛和彌勒佛的合一化身」。在佛像旁邊，是一尊很高大的一世大寶法王身像，其旁邊為較小的十六世（1924-1981）身像。

第一世大寶法王身像

■ 當今法王年輕時的寢室

■ 當今法王使用的參考書

　　大殿的二樓是第十七世大寶法王出國前每天接見香客的地點，法王當時使用的法座至今仍在。雖然法王目前旅居國外，香客到此會以頭觸連接法座的一個小幢，以象徵性地祈求得到他的加持。在法座的旁邊，展示著第十六世法王曾經用過的一張木椅。法座的對面桌子上，供奉有十四世法王 (1798-1868) 以神通在石頭上留下的腳印，及其在爐具石上留下的手指印。

　　三樓是當今十七世法王年幼時的寢室，一直保留原狀。房間內有法王的學

■ 連接法座的小幢

■ 第十六世法王的木椅

▎噶瑪噶舉派獨有的「夢旗」

習參考書、各國弟子贈送的玩具等。在房間的一角有一尊文殊像。據知，法王曾讚歎這尊佛像對他的學習很有加持、幫助。

　　在大殿的屋頂，飄著一面噶瑪噶舉派獨有的黃、藍色旗子。這面旗俗稱「夢旗」，源自十六世大寶法王在夢境中所見的預示。法王開示藍色代表佛法上的證悟，黃色代表世俗生活，兩色互纏的波浪代表兩者不可分割，並作預言：「在這面旗飄揚的地方，佛法便會流布。」因此，在世界各地任何一座噶瑪噶舉派寺院，都能看到這面旗飄揚在寺頂。

▎十四世法王以神通在石頭上留下的腳印

▎十四世法王以神通在爐具石上留下的手指印

▌ 當今十七世法王年幼時在石磚上留下的神
　奇手印

靈塔殿

　　靈塔殿位於大殿和護法殿後面。

　　當今十七世法王年幼時,一次曾經摔倒,手按了在地上石磚上,他的手印神奇地印進了石磚。這塊石磚後來被用在靈塔殿面對護法殿後牆的那面紅外牆上,香客經過時留意便能看到。

　　此殿供奉歷代大寶法王身像、一世和二世法王靈塔等。在靈塔殿的二樓,收藏著當今法王用過的衣服、臥具等。

▌ 圖左為當今法王用過
　的衣服
　圖右為當今法王用過
　的臥具

▌ 第一世法王靈塔　　　　　　　　　▌ 第二世法王靈塔

■ 壁畫中天王手指一長串
　阿拉伯數字手機號碼

■ 壁畫中天王手指手機
　號碼（特寫）

■ 重建的「楚布拉欽」

大佛殿

　　大佛殿就在靈塔殿旁邊。大佛殿門口處是傳統的四大天王壁畫，其中門右邊的天王手指處繪上一長串阿拉伯數字手機號碼，耐人尋味。方丈解釋說，這是守殿者的號碼，以方便朝拜者發現殿門沒開時可以致電召喚。

　　在古代，這裡供奉著一尊極為著名的釋迦牟尼，乃全藏最大佛像之一，被稱為「楚布拉欽」。在這尊巨大佛像初造成時，被發現背部不挺，第二世大寶法王（1204-1283）遂以神通將其扳直。據說這尊大佛原像內藏米拉日巴尊者法物等無數珍寶，高達二十公尺（也有說為六公尺高。然而，六公尺的高度應不足以令其被史書稱為「全藏最大佛像之一」；以此判斷，此說不似準確）。大佛於1960年代被炸毀，現雖已重建新像，卻不復舊像規模。在新的大佛前方，放著一塊來自原像的碎片。

楚布寺

祖師殿

以站在大殿外面對殿門的方向算，祖師殿就是位於大殿右邊的黃房子。殿內供奉三尊巨大的祖師身像，中央的是瑪爾巴，瑪爾巴的右手邊是米拉日巴，其左手邊是岡波巴大師。

朝聖各殿後，可於寺院後山轉經。朝拜轉經徑一圈大概需時三小時，路上有歷代大寶法王閉關洞、天葬台、大寶法王以手杖擊地打開的泉水等勝跡。朝山徑上有一石縫及一橋。據當地人說，穿過石縫能淨化罪業，走過懸崖上的石橋則能讓人體驗面對死亡、中陰階段的極大恐懼。

大寶法王噶瑪巴世系：

大寶法王噶瑪巴是噶瑪噶舉派的領袖，其世系至今已有十七世。

第一世大寶法王是米拉日巴大師親徒岡波巴大師之弟子，被普遍視為觀音大士的化身，其轉世噶瑪巴希乃歷史上第一位以轉世者形式出現的喇嘛。

歷代噶瑪巴是「黑寶冠」的持有者。傳說這頂冠帽最初由空行母頭髮織成，後由明永樂帝供養了實物的金絲鑲邊黑色冠帽予第五世（1384-1415），並賜號「大寶法王」。

「楚布拉欽」原像碎片

左起米拉日巴、中央為瑪爾巴，右邊是岡波巴大師

PART7

食衣住行在拉薩

此書出版目的是為了方便朝聖者，本意並非設計給背包客、普通游客使用。然而，在尚未成佛以前，朝聖也得吃飯、睡覺，所以還是必須在這裡適當地提供少許相關資料，順帶包括一些比較人文、潮流性的建議。

衣著

　　按許多漢文書籍中形容，去一趟拉薩幾乎好比異域探險、壯士出行。在拉薩街頭，總能看到全副武裝的內地來客，很是可笑。實際上，拉薩和別的中國城市區別不是那麼大。然而，由於拉薩日夜溫差很大，哪怕在夏天朝聖，最好也帶上旅遊帽、輕便毛衣、外套等，穿輕便旅遊鞋。如準備前往色拉後山等地朝禮，宜帶上簡便背包、水壺、乾糧（如有需要，亦可帶上登山杖）。如臨時發現裝備不夠，也可在當地購買。

交通

　　本書所列的朝聖點，大多或位於老城區步行可達範圍內，或有公車、大巴前往（亦可搭計程車；拉薩計程車並不按表收費，2011年市內範圍定價十元，較遠如色拉寺、哲蚌寺等地點則可議價）；其他地點可包出租車前往（宜找懂路、友善的當地藏族司機；如能找到信仰虔誠的當地司機，往往有意外收穫）。

🪷 住宿建議

　　五星級賓館大多建在新城區，設施和內地同類賓館沒什麼分別。此類酒店價格昂貴，而且遠離老城區（即拉薩市內的大部份朝聖地點），對本為步行可達的市內朝聖活動並不方便。此外，此類賓館喜以佛像、唐卡等作為酒店大堂、房間，甚至洗手間的室內飾物，佛教徒對此實在難以認同，視為侮辱。

　　拉薩的老城區，即大昭寺、八廓街的輻射範圍，有許多藏族、尼泊爾族民營小客棧，大多價格合理、房間乾淨，一向為西方遊客、驢友、富探索或人文精神者所喜愛，亦是漢族朝聖者的理想選擇。此外，由於老闆、員工多為藏族，對朝聖者的需要會比較理解，能提供很多額外的建議、協助。可是，此類賓館漢族顧客向來不多，其附屬餐廳菜單多不符合傳統漢人飲食習慣，甚至只提供藏文及英文菜單。實在不習慣者，亦可考慮入住鄰近大昭寺的青年旅社。

·拉薩吉曲飯店

地址：北京東路18號，近北京東路與藏醫院路的交匯點。

電話：0891-6331344

推薦理由：

1· 步行可達大昭寺、小昭寺及老城區大部份朝聖點。

2· 房間免費無線上網。

3· 24小時提供熱水。

4· 有電梯！注意！有電梯！

5· 賓館內有一個很清幽的露天隱秘花園。

6· 有附屬餐廳（平均消費約40-60元，只提供西
　　餐、藏餐和尼泊爾、印度菜系）。

7· 其西藏風格裝修頗富小資情調。

8· 交通方便。

9· 臨近小商店、24小時藥房。

房價：雙人房約200-300元視季節調整（2010）。

• 滿齋賓館

地址：八廓南街31號，即大昭寺隔壁。

電話：0891-6338940

推薦理由：

1· 從窗口跳下去就到了大昭寺；亦鄰近老城區大部份朝聖點。

2· 有附屬付費上網設施。

3· 24小時提供熱水。

4· 印度菜系）有附屬餐廳（平均消費約40-60元，只提供西餐、藏餐和尼泊爾。

5· 二樓房間遙望布達拉宮、俯視八廓街人生百態。

房價：雙人房約200-300元視季節調整（2010）。

・平措康桑青年旅舍

地址：朵森格北路（青年路）48號。

電話：0891-6915048

推薦理由：

1・　距離大昭寺、布達拉宮不算遠。

2・　有無線上網區域和網吧。

3・　24小時提供熱水。

4・　樓頂遠眺布達拉宮，晚上景觀特佳。

5・　有附屬餐廳，還提供免費早餐。

6・　藏式四合院。

7・　交通方便。

8・　臨近小商店、24小時藥房、拉薩最大超市。

9・　提供自助洗衣、訂票、包車、接機服務。

房價：床位從20元起，雙人房約80-280元視季節調整（2010）。

·東措國際青年旅舍

地址：拉薩市北京東路10號（城關區政府對面）。

電話：0891-6273388轉8888

推薦理由：

1. 步行可達大昭寺、小昭寺及老城區大部份朝聖點。

2. 有上網設施。

3. 24小時提供熱水。

4. 有附屬餐廳。

5. 年輕旅遊者、攝影愛好者聚集點。

6. 交通方便。

7. 臨近小商店、24小時藥房。

8. 提供自助洗衣、自助廚房、訂票服務。

9. 很國際化，可以順便練習外語能力。

房價：床位從20元起，雙人房約100-280元視季節調整（2009）。

擴展閱讀

前面說過，到拉薩旅遊或朝聖，如果對其歷史、文化、宗教完全沒有認識，單單是被導遊牽著走馬看花，恐怕無所助益。在前往朝聖前，宜先閱讀一些入門書籍。如果來不及買，拉薩也有一家很好的主題書店：

·古修哪書店

地址：

大昭寺廣場前的藏醫院路上

（即「丹傑林路」）

推薦理由：

1. 老闆很有眼光，拙著往往被展示於顯眼處。

2. 專營西藏主題相關書目，品種齊全。

3. 藏族美女店員有點靦腆但同時很友善。

簡介：

此書店由一對西北民族大學畢業生夫妻開辦，是藏區最專業的藏學書店，其書目涵蓋西藏歷史、宗教、民俗、人文、自然景觀等範疇，相當齊全，其英文相關書籍品種之多，屬國內罕見。因為書店凝聚人氣的歷史紀錄，同一條商業街上，有商戶把書店人流的變化視為拉薩旅遊淡、旺季更迭的晴雨表。

另類購物建議

　　如果跟旅行團,導遊自然會帶去採購價格昂貴的天珠唐卡、強身健體延年益壽壯陽美顏起死回生的冬蟲夏草、藏紅花、天山雪蓮…等等,甚至帶去布達拉宮附近一些附帶提供不懂拉薩話、普通話卻比中央台新聞主播還標準的「西藏隱世大活佛」替客人「指點迷津」服務的奇店(「指點」後,必定是「施主您今年有難,必須佩戴九眼天珠擋煞方可有救!善哉善哉!」一類的結論,然後,恰巧店裡剛好有一顆。果然有緣,善哉善哉!)。然而,佛陀說,對別人必須有慈悲心,葛優也說做人要厚道,這裡心照不宣好了。

　　如果懂挑,拉薩的唐卡可能還比較值得請購(但也有不少是未滿師的年輕徒弟畫的,有的不完全正確,有的內容甚至是為了滿足遊客所追求的神秘感而胡亂畫的)。佛像來說,工藝最精的歷來都來自尼泊爾工匠,在北京、香港、五台山、成都也能請得,甚至有時候比拉薩更便宜。順帶一說:作為佛教徒,如果需要選購佛像,最好避免討價還價,能負擔就買,覺得其工藝不值這個價位就走,千萬要避免說出「這觀音不值四百元!」一類的話,也不應說「這個佛很難看!」之類的話(正確表達應為「這個工匠的技術平平!」)。此乃各派歷代祖師的訓示。

　　此外,八廓上的小攤所售「古董」,相當於北京潘家園的「明代青花瓶」,能淘到超值或起碼等值的寶貝機會不大。

這裡介紹幾種比較另類的購物建議：

‧ 護身符

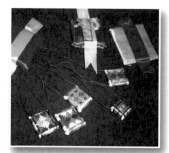

　　護身符的目的當然不是為了漂亮。可是，如果非要從美觀的角度來說，色拉寺馬頭明王殿前就有些版本讓人愛不釋手，哪怕作為裝飾工藝品也絕對送得出手。它們價格也不貴，大概從五元到十五元不等。要注意的是，很多護身符內藏經文；自己作為尊重佛法的人，如果送給別人，必須確保對方不介意而且將會對其有起碼的尊重。

‧ 寶瓶

　　對藏傳佛教熟悉的讀者，相信一定聽過「寶瓶」。寶瓶分為多種，譬如暗藏在家中保險櫃以求財源豐足的財瓶、埋在房宅以求家宅平安的天瓶、地瓶、龍瓶等。財瓶裡中央供代表財尊或其他本尊的圖片，其周圍以咒文紙條、具備吉祥意義的藥材、泥土、珍寶等填

充，再由高僧帶領僧團念經多天加持而成。天瓶、地瓶、龍瓶等也大同小異。從佛教角度來說，人生是否順利，最終取決於自作的善惡業力；然而，由於諸佛的慈悲和力量，這類寶物也確實有吉祥緣起的幫助作用。

在現在佛教流行而同時漸趨商品化的漢地，常見有各種各樣的財瓶流通，價格從幾百到幾千元的都有，有的是寺院為了募款重建而製作的，也有個別喇嘛純粹為了個人盈利所製，更有徹底假的偽劣冒充品。

在拉薩，可以在很信得過、未經商業化污染的寺院裡買得製作認真、「原汁原味」的寶瓶。這些寶瓶價格合理，其加持過程也有一定的保證，而且銷售收入用於寺院（對購買者來說，這順帶也累集了供養寺院的功德），唯一區別是以陶瓶製作，而並非漢地藏傳佛教圈子裡常見的漂亮白瓷質、製作精美版本。記憶中，小昭寺（即上密院）、下密院都有流通寶瓶，價格在2011年為三十至七十元不等。欲請購寶瓶的讀者，必須注意分辨：財瓶在傳統上暗藏家中保險櫃（而不是展示在廳堂或供在佛壇上）；天瓶、地瓶主要是埋在地下的；龍瓶是埋在地裡或投放江河的。買的時候，必須分辨清楚。負責的僧人一般無法以流暢普通話說明這麼技術性的內容，溝通可能會有點障礙。據記憶，下密院的包裝規格似乎是寶瓶以黃布包裝區別，天瓶白色而地瓶綠色。

藏藥

藏藥有很多生產商，品質參差不

齊，而且有時也有假冒偽劣現象。位於大昭寺廣場西側的藏藥廠直營門市店，是比較信得過的購藥地點。

　　藏藥裡面的「仁青日布」系列的名貴成藥，也有很好的日常保健效用，可考慮購買「珍珠七十」等。此處亦售一種叫「氣香」的產品，形狀大小如香煙，約為十元（2009），一包約二十根。這不是供佛或者為了滿足嗅覺享受的香，而是一種藥用香，其功效是寧神定驚；失眠者、老人睡前點燃一根，對改善失眠、多夢、心慌等病況頗有神效（藏族店員不見得知道「氣香」，必須說「龍度」）。還有一種「九味防瘟丸」，是一種防止傳染病的藥，在非典時期特別按古方製作，並通過中國民族醫藥學會專家鑒定。這是一種透過氣味、嗅覺吸入發揮作用的藥，不必內服，平時沒事也

佩戴身上每晨嗅一嗅，就能防止傳染病，是買了自用、送人的好禮物。此藥丸連佩戴用錦袋約十五元一顆，購買「暗語」是「納布古覺」。藏藥廠生產的藏香，也是其中一種較好的產品，在以下「藏香」主題另作介紹。

● 藏香

傳統藏香是一種純天然、純手工的產品，採用天然藥材等製作，對嗅者健康沒有不良影響，而且還有藥用價值，具防止傳染病、淨化空氣等作用，和漢地流行的化學香品不一樣。

藏香分為粉末型和臥香類；粉末型的又分單種草藥和混合配方。單種草藥可在長壽寺、小昭寺門口買到，大昭寺附近也有，大概一、二

元一把。單種草藥即柏葉粉、蒿草曬乾磨為粉末等未經加工、添加材料的草藥，也就是採來曬乾打碎就直接售賣的草藥。除了別的藏區也能隨便買到的柏香粉以外，既然來到拉薩，當然要買點出名的甘丹堪巴草藥。有關甘丹堪巴，在前面的「甘丹寺」一章有詳細介紹。混合配方的粉末型藏香，在拉薩到處有售，可是比較保險的採購地方可能是上述藏藥廠直營門市店和位於藏醫院路的優敏芭香店（從藏藥廠直營門市店拐彎即到）。

製為臥香條狀的藏香，也有很多種選擇。在歷史上，以敏珠林、尼木等幾種臥香為最出名的品種。最上等的敏珠林等藏香，成份裡含有真金箔，燒完後如果在強光下細心觀察香灰，能看到金光閃閃的現象。由於

敏珠林、尼木等歷史名香的名氣，現在市面上許多「敏珠林藏香」、「真尼木藏香」，來源也不見得能保證可靠。如果不是直接從敏珠林寺等原產地購買，而又不知道絕對信得過的售賣點，前述藏藥廠直營門市店售賣的聖康香也是很不錯的自用選擇（分兩等級，頂級的2009年約八十元一大盒，裡面分好幾小盒）；如果要送人、講究包裝，則可往上述的優敏芭香店選購。優敏芭香店的香品品種繁多、包裝現代，可是價格也不便宜。比較「懂行」的藏傳佛教徒，一般很少選購它的產品自用。然而，如果要求包裝特別得體的禮品香作為禮物，優敏芭幾乎可說是唯一選擇了。除了臥香、混合配方香粉以外，優敏芭也售賣西藏本地生產、包裝考究的西藏香氛系列，和含念珠、香囊、臥香的禮品套裝，均為本地人不會買、遊客卻瘋狂追捧的精美西藏概念禮品。

八廓街的商販一向有漫天要價的傳統，就地殺價成為了很多遊客的樂趣。八廓街討價還價的過程很有趣，藏族商販為了強調已經壓到最低價格，其發誓方式匪夷所思⋯⋯「兄弟，我對布達拉宮發誓，這是進貨價了！」⋯⋯態度誠懇，表情委屈，眼帶淚光，演技絕對足以讓金城武汗顏。在清晨，商販為求當天吉利，會盡一切努力試圖做成第一筆交易，在這時候砍價會比較順利。做成當天第一單買賣後，老闆會手執剛收到的紙幣，口中念念有詞，在擺賣的貨品上認認真真地拍打一番，以「加持」貨如輪

轉。在從八廓街輻射出去的小巷市場裡,進行著來自藏族各大地區的商業買賣。康巴藏族互相之間,會用手在對方袖筒裡秘密比劃,以這種神秘的的方式議價。哪怕不準備購物,也值得在八廓街附近一帶閒逛,感受一下這個市場的獨特氣息。

🌸 其他活動建議:

來到拉薩,抽空泡泡老城區的百年老茶館,體驗一下市井生活,是很有趣的人生經驗。

對西藏來說,甜茶是一種舶來品,乃印度、尼泊爾約於1940年代傳入。拉薩甜茶並不像英國那樣以熱水泡茶葉後加糖、奶而成,而是直接在水中投入茶葉再加入糖、奶,直接燒開而喝。個人經驗,雖然醫學專家和賣藥的大概都不會相信,但甜茶似乎對防止高原反應很有幫助。

老城區有好幾家知名甜茶館,是本地藏族侃爺的集散地。它們設計簡陋,保持著60年代的裝修風格。裡面老人高談闊論,叫喊聲不絕,服務員忙碌地來回添茶,一片亂哄哄的景象,很熱鬧,也很「拉薩」。進去自己找位置坐下,把零錢擱桌子上,服務員自然會過來,二話不說便添茶、收錢、找零,然後走開。

• 光明港瓊甜茶館

地址：大昭寺廣場前的藏醫院路上東側（很顯目。如果連這裡都找不到，能斷定為「業障深重」，宜多作朝聖等善業，具體進行辦法請閱前面章節！）

推薦理由：

1.四大茶館之一（四大林等等以外的又一個「四」的組合）。

2.走得累了，花幾毛錢就可以歇一會兒，夫復何求！

3.如果朋友剛請過吃飯，輪到你請客，這裡是最適合/便宜的回請地點。

4.去哪都得經過，不必刻意找，避免了因找不到導致的挫敗感。

簡介：

從門口到裡邊，座無虛席，全是一桌桌喝茶的客人。幾十年沒變過的裝修，年代久遠的桌椅。進去後脫下帽子，熱氣和奶茶香撲面而來。

平均消費：

便宜到素昧平生的藏族老茶客看到陌生漢族遊客會熱情請客的程度。印象中似乎是二毛還是五毛/杯（不很肯定，上次是上海朋友搶著付錢的）。

• 光明商店甜茶館

地址：大昭寺廣場前的藏醫院路巷子內、丹吉林旁邊（不太好找）

推薦理由：

1. 百年老店、拉薩最早的甜茶館。

2. 藏在隱秘的巷子裡，前往過程很有點尋幽探秘的感覺。

3. 如果準備參拜丹吉林，反正要經過。

4. 能認識很多地道的西藏老人，聽到很多書裡沒有的西藏老典故。

5. 能遇上幾位自稱知道所有書裡沒有的西藏老典故的不靠譜漢人新朋友。

6. 認識西藏文化、體驗拉薩生活、鞏固藏漢友誼、促進和諧社會等等。

簡介：

這是一個露天茶館，有著上百年的歷史。簡陋的木板凳、長桌子，喧囂，雜亂無章。桌子邊是各式老人在雜七雜八地瞎侃、爭論，旁邊蹲著一圈彪悍的年輕人在爽朗地大聲叫喊、互相取笑逗樂、玩著一種用小石頭進行的遊戲。除了那長期坐著一角落的幾個「拉漂」以外（他們如同那木板凳、長桌子一樣，屬於茶館「永久設施」的一部份），這裡沒有遊客，沒有其他漢人。來自內地現代化城市的遊客，第一次去可能感覺有點怕，覺得格格不入。此時必須目無表情、強裝鎮定，表現出走遍大江南

北、身經百戰、見過市面的老江湖氣派（可參考港台黑社會電影系列預先演習。還有，這裡不適合穿晚禮服去！），自信地大步走進坐下。習慣了以後，會發現這裡的茶客，包括那像是活了兩百多歲的滄桑老人，和那些長得不那麼友善、胸口長毛、聲音很大很粗暴的年輕人，大多很有趣，而且很願意主動分享拉薩不為普通遊客所知道的典故、八卦（從古吐蕃王朝血統源流、松贊干布三兒子的婚姻狀況，到「某某和某某有一腿！」，他們都知道）。

平均消費：
和前面的「光明港瓊甜茶館」差不多價位。

　　拉薩有很多被老外、小資瘋狂迷上，一年復一年地反覆光顧的個性餐吧、酒館…昏黃的燈光、少數民族格調的裝修、英文的菜單…面前是一個彷彿陷入了迷思的金髮美女，一隊德國男女在隔壁桌子上攤開了地圖在爭論行走路線，他們的背後是個正在對著Mac筆記型電腦瘋狂敲字、衣著入時的小帥哥。此時，一對扛著背包的日本戀人剛推開門進來…很隨意，很慢悠悠，很「麗江」…

・瑪吉阿米

地址：八廓街東南角黃房子

推薦理由：

1. 背景故事浪漫淒美。

2. 國際友人到拉薩除了布達拉宮之外的必到之處（按西藏老話的格式形容，就是「到了拉薩，不去瑪吉阿米，等於遇上了林志玲卻忘了討簽名！」）。

3. 可俯視八廓街川流不息的朝聖人潮（有時候還有羊！）。

4. 樓頂露天餐廳能遠眺布達拉宮。

5. 可以裝有文化有內涵在這裡發呆一下午，自我感覺良好。

6. 回家後，不會被背包客朋友取笑沒去過。

簡介：

　　三百多年前，一位神秘的客人走進了一家酒館，遇到了一位像月亮般純美的少女。此後，他常常帶著期盼到訪酒館，可是再也沒遇上少女了。為此，他寫下了許多傳世詩歌懷念這段邂逅。這個人，是第六世達賴喇嘛。

　　六世是歷代達賴喇嘛中最富傳奇性的一世。他常常走出寺院，穿上普通衣服，到處體驗普通老百姓的生活和情感。作為一位備受爭議的宗教領袖，他並沒留下太多的佛法開示文集；作為一位才華橫溢的詩人，他卻寫下了許多美麗、浪漫的傳世詩詞。

　　瑪吉阿米，就是當年達賴喇嘛遇上那位令他魂牽夢縈的美女之處。它的外牆被塗上黃色，正是因為紀念法王的曾經到訪。

　　時至今日，瑪吉阿米餐吧已經成為世界上最出名的西藏餐廳，在任何外語西藏旅遊介紹中都會提到它。多年來，在位於二樓的藏紙留言本上，留下了來自五湖四海、世界各國來客的塗鴉、日記、進藏經歷、旅遊心得、心情筆記、愛情記錄，甚至還有遺書。早期的國際遊客，都以曾經在此留言本上寫過日記為榮。

　　瑪吉阿米有多紅？紅到足夠讓它的留言本就可以結集成為一本暢銷書！（「瑪吉阿米的留言簿」，北京出版社）

　　平均消費：
　　約30-50元（2010）

■ 瑪吉阿米的留言簿

PART8

西藏小百科

喇嘛教

藏傳佛教常被人以為是一種具神秘及原始民族色彩的宗教，許多人把它稱為「密宗」或「喇嘛教」，其實這些稱呼並不恰當，也令人誤解了藏傳佛教的教義。

藏傳佛教是佛教各宗派中的一支。佛教在二千五百多年前由本師釋迦牟尼佛弘揚，傳至今天，主要分為南傳（即緬甸、泰國、斯里蘭卡一帶之佛教）、北傳（漢地、韓國、越南、日本等地盛行）及藏傳（西藏、尼泊爾、不丹等國家盛行）。佛法在傳入各地以後，或多或少都因為風俗文化而演變成為具地方色彩之宗派，但其教義與本師釋迦牟尼所弘傳的並無分別，只是在表達上及儀式上有所不同。

藏傳佛教包含了完整之小乘及大乘戒律及教義，故也包含密宗的教義在內，但並不是說藏傳佛教就等於「密宗」。密法只是藏傳佛教的一部份而已。一位西藏的僧人未必就一定學過密宗，所以把藏傳佛教各派統稱作「密宗」是不正確的名稱。

活佛轉世

與藏傳佛教打過交道的人，不免會聽過神秘的活佛轉世現象。在藏傳佛教中，有些大德高僧圓寂前，會留下遺囑，或由後人根據傳統方法尋找其轉世小孩，讓其辨認前世物品等方式認證。被認證為大德轉世的小孩，會被給予嚴格的宗教培訓，最後繼承其先世未竟的弘法事業。在眾多此類的轉世者中，最著名者包括歷代達賴喇嘛、班禪喇嘛、大寶法王等。

有些人盲目地以為「活佛」就是活著的佛，感到不以為然，懷疑為何在西藏會有這麼多活著的佛，這種誤解純粹出於對藏傳佛教的缺乏理解。具轉世者封號的人當中，有些或許的確是聖者化現，有些則是較有修持證量的人之

轉世，但也有純為繼承某位已往生而有權勢、影響力的宗教領袖地位而被冊封的情況，並不可說具備這種封號的人便不需修學，肯定自幼便是聖人。即使是真正的轉世者，一樣要經過傳統的修學方堪為人師，而且其教育往往比普通僧人更為嚴格。

「活佛」一詞，可見於明、清文獻之中，譬如清朝皇帝賜予好幾位西藏高僧的封號及印章中，就的確能讀到漢文「活佛」一詞。著名的章嘉國師是乾隆皇帝的上師，文史中亦常以「章嘉活佛」之名尊稱。這些歷史上的封號，出於皇帝的冊封及尊崇。在西藏，其實沒有「活佛」這種尊稱。現今我們聽到在漢語中稱為某某「活佛」的人，在西藏其實被尊稱為「某某仁波切」（「仁波切」意為「寶」）或「某某祖古」（「祖古」意為「化身」）。

有些漢人一聽到「活佛」或「轉世化身」這些封號，便盲目地視為聖人，這源出於對藏傳佛教的無知。在拜師前，應當觀察對方的品德及學問等，而並不取決於有否封號。

西藏佛教簡史

629，藏王松贊干布登基

637，布達拉宮建成

647，大昭寺、小昭寺建成

8世紀，印度蓮花生大師、靜命大師入藏弘法，乃佛法正式傳入西藏之始

775，西藏首座三寶俱全的寺院桑耶寺建成

838，藏王朗達瑪登基，大力鎮壓佛教，佛法幾近無存

11世紀，印度阿底峽大師入藏弘法，並建立度母寺，是為噶登派系統之始

11世紀，瑪爾巴譯師往印度修學後返藏弘法，是為噶舉派系統之始

11世紀，素爾家族釋迦瓊乃等大師復興舊密，此乃嚴格意義上的寧瑪派之始

1056，仲敦巴大師建立熱振寺——噶登派祖庭

1073，薩迦派祖庭薩迦寺建成，是為薩迦派系統之始

1189，第一世噶瑪巴建立楚布寺——噶舉派噶瑪支系祖庭

1260，薩迦派第五祖八思巴得元世祖忽必烈敕封，登國師位

14世紀中葉，布頓仁欽珠大師編訂藏文「大藏經」

1406，噶舉派第五世噶瑪巴得明成祖永樂帝敕封名號「大寶法王」，登國師位

1409，宗喀巴大師建立甘丹寺——格魯派祖庭，是為格魯派系統之始

1415，格魯派釋迦耶協得明成祖永樂帝敕封名號「大慈法王」，登國師位

1416，格魯派蔣楊卻傑大師建立哲蚌寺（格魯派三大顯宗學府之一）

1419，格魯派大慈法王建立色拉寺（格魯派三大顯宗學府之一）

1433，格魯派喜饒僧格大師建立下密院（格魯派兩大密宗學府之一）

1474，格魯派貢嘎頓珠大師建立上密院（格魯派兩大密宗學府之一）

1653，格魯派第五世阿旺羅桑嘉措得清世祖順治帝正式敕封名號「達賴喇嘛」

1691，格魯派第一世哲布尊丹巴得清聖祖康熙帝敕封「呼圖克圖大喇嘛」位

1713，格魯派第五世羅桑益希得清聖祖康熙帝敕封名號「班禪額爾德尼」

1736，格魯派第三世章嘉呼圖克圖得清高宗乾隆帝敕封，登國師位

🪷 四大教派

藏傳佛教主要分為四大主流派別，分別為格魯派、薩迦派、寧瑪派及噶舉派。

　　格魯派由宗喀巴大師創建於15世紀，主要寺院為拉薩周邊的色拉、甘丹、哲蚌寺，及後藏的扎什倫布寺、甘肅拉布愣寺、青海塔爾寺等。

　　薩迦派的創立者是吐蕃貴族昆氏家族的後裔貢卻傑布（1034-1102），後由著名的薩迦五祖發揚光大。薩迦五祖分別為初祖貢噶寧布（1092-1158）、二祖索南孜摩（1142-1182）、三祖扎巴堅贊（1147-1216）、四祖薩迦班智達貢噶

堅贊（1180-1251）、第五祖八思巴國師（1235-1280）。

　　寧瑪一詞的意思為「古舊」，寧瑪派即「舊宗派」之意，形成於公元11世紀，其名乃指它繼承從藏傳佛教前弘期流傳下來的思想及相關儀軌。寧瑪派認為，該宗派的教法儀軌等均傳承自公元8世紀前弘期的蓮花生大師。因此，寧瑪派便成為藏傳佛教諸多宗派中歷史最為悠久的派別。

　　噶舉派形成於藏傳佛教後弘期，由瑪爾巴譯師（1012-1096）開創，經米拉日巴（1052-1135）的繼承，最後才正式建立並成為一大宗派。從教法傳承上看，噶舉派的教法有兩大系統：一是直接從瑪爾巴並經米拉日巴傳承下來的達波噶舉；二是由瓊波南覺開創的香巴噶舉。後來香巴噶舉衰微了，而達波噶舉則興旺發達，分支發展為四大八小支等眾多支系，其中四大支派分別為噶瑪噶舉、蔡巴噶舉、跋戎噶舉、帕竹噶舉；八小支派為直貢噶舉、主巴噶舉、達隆噶舉、亞桑噶舉、超浦噶舉、修賽噶舉、葉巴噶舉、瑪倉噶舉；其中噶瑪噶舉根據地楚布寺、直貢派根據地直貢寺、達隆派根據地達隆寺，於本書中皆有述及。

❀ 三大寺與二密院

　　三大寺與二密院，為格魯派的主要教育院校，也是藏傳佛教中最高的權威教育機構。色拉、甘丹、哲蚌為三大寺，主要傳授佛法顯宗，全盛時期學僧超逾兩萬之數，影響力極大，故向有「天上日、月、星；地上色、甘、哲」之說。二密院即上密院及下密院，專門教授密宗。

　　藏傳佛教中的最高權威學者頭銜──甘丹赤巴法王，便出自三大寺與二密院教育制度。按照傳統，只有顯宗畢業於三大寺任一、密宗畢業於二密院其一，更曾先後任三大寺及密院的方丈者，方有資格成為候選人。正因為甘丹赤巴法王的挑選並不取決於出身、名位，唯從最高學者中選出，故有「甘丹寶座本無主，唯怕來者無學識」之古語。

🪷 辯經

在歷史上，辯論教義是佛教中很重要的一部份；本師釋迦牟尼曾與外道師辯論多次而勝利，才令佛教光大發揚，取得外道信眾之信服而投向佛法；我國唐朝高僧玄奘遠赴印度，亦曾與教內僧眾辯經而獲勝，因而取得印度各派僧眾的敬重。

在傳統藏傳佛教教育中，尤其是由宗喀巴大師創立之格魯派，辯論佔了一個很重要的席位。在格魯派各大寺院內，僧人自年幼起就開始學習辯經，透過辯論來學習及引證所聞學的佛法。

辯經大多在戶外露天的廣場舉行，全體僧人會穿紅袍，頭戴黃色僧冠，先作經文念誦，然後分組辯論。分組時有分為一對一的、一對數位的、數位對一位的及全體對一位的多種辯論組合。發問者站立，答辯者席地而坐，由問者厲聲喝問問題，問題可以是任何佛法上之提問，辯者必須馬上答問。在辯至深入時，問方會瞪眼怒目，手揮念珠分散答方之注意力，並大力擊掌以壯聲威。擊掌時右手向下拍代表降伏邪見，左手上揚代表提弘正見。在佛法辯論上，有嚴謹的規則，絕不可能以胡言應付過去，其勝負結果是很明顯的。凡當答者被問倒時，周圍觀看者會大喝倒彩。

在一年一度的廣願法會上，應考僧人必須與多位長老同時辯論，方可考取最高等的格西拉然巴學位（相當於一級榮譽博士頭銜）。

■ 色拉寺辯經

西藏的節慶

藏族節日多具有濃厚的宗教色彩，伴以許多具有特色的娛樂節慶活動，其主要節日有：

- **藏曆新年**——進入藏曆十二月，百姓便開始作過年準備。除夕晚上，各家各戶作驅邪活動，城內鞭炮聲四起。大年初一早上，百姓在民間說唱老人祝福吉祥的歌聲中迎來藏曆新年。這天，各家各戶把祝願吉祥如意的青稞幼苗、五穀豐收斗、糖果等供於佛龕上，這天各家基本上閉門歡聚，鄰里互不走訪。初二開始親朋好友彼此走訪，拜年祝賀。此外，為紀念釋迦牟尼顯示神變，正月上旬舉行廣願大法會。此祈禱大會由宗喀巴於1409年首次發起。法會期間，拉薩三大寺及其他寺廟的喇嘛集中市內誦經，並舉行格西學位考試。

- **薩迦達瓦**——紀念釋迦牟尼降生、成道及圓寂。薩迦達瓦轉經活動最為壯觀；從藏曆四月初一開始，林廓路上就出現了成群結隊的繞拜人流；到了藏曆十五，轉經達到高峰，從凌晨直到晚上，人潮川流不息。

- **雪頓節**——其由來可追溯到17世紀前，當時雪頓節是一種純宗教活動。宗喀巴祖師為僧徒制定了制度，僧眾在夏季只准在室內修習，不許到戶外活動，禁戒持續到藏曆六月底。到開禁日，僧眾紛紛出寺下山，並接受百姓所供養的酸奶。17世紀中葉，雪頓節活動增加了在羅布林卡演出藏戲的內容，並允許百姓入園看戲。從此，雪頓節成為一年一度的群眾節慶。

- **沐浴節**——每年夏末初秋，當金星出現的七天內，男女老少全家出動，紛紛走向江、湖、河、溪畔，搭起帳篷，圍上幃幕，在水中沐浴、游泳。

- **望果節**——「望果」意為「繞田」，乃民間預祝豐收的節日，於秋收前選擇某吉日舉行，歷時數天。望果節時，男女老幼身穿盛裝，或手持青稞穗，或背負經書，舉著彩旗，抬著由青稞穗、麥穗紮成的豐收塔，敲鑼打鼓，

唱著頌歌，繞行於田間，祈求風調雨順、五穀豐登。

- **燃燈節**——於藏曆十月十五日舉行。於當晚，各寺廟及民居都把所有油燈點上，徹夜置於屋頂供養，以紀念宗喀巴祖師的忌辰。

此外，各寺於藏曆六月初四、九月二十二日均會舉行盛大法事，以紀念釋迦牟尼的初次說法及返回人間。

🏵 藏傳佛教寺院建築

藏傳佛教寺院的建築佈局源自古代印度，這種寺院設計在印度已經式微，卻在西藏保留至今。

在印度早期佛教中，建築風格主要分為兩大類：「支提式」（chaitya）和「毗可羅式」(vihara)，前者為單一的佛教殿堂（含石窟），後者則為佛教精舍建築群，由若干小殿、僧舍、功能性建築物等圍繞主殿。此時期的佛殿特徵是：佈局工整，有中軸線，左右對稱；殿門前，一條橫列門廊分開了寺外寺內，也意味著從凡世濁土過渡到清淨道場；門廊內為主廳（mandapa），主廳周邊或後方有若干配殿（garbagriha），又設有供繞行叩拜的內轉經道（pradakshinapatha）。

▍西藏寺院的建築風格

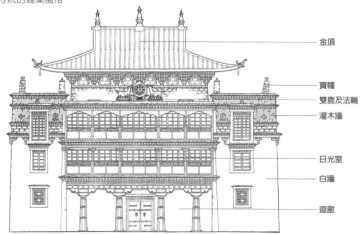

金頂

寶幢

雙鹿及法輪

灌木牆

日光室

白牆

迴廊

古印度佛教寺殿典型佈局

藏傳佛教早期寺殿典型佈局

　　西藏的早期寺殿設計，直接繼承了印度傳統，同樣採用左右對稱的工整佈局，設有門廊（「廓林」）、主廳（「杜康」）、配殿（「第康」）及內轉經道（「廓朗」）。15世紀後，這些主要元素大致保持不變，唯獨內轉經道被外轉經道（「廓拉」）取代。在此基礎上，為了適應特殊的高原氣候，西藏寺院又衍生出了一些獨有的元素，例如在二樓修建日光廳（「饒賽」）、天窗（「通」）等，以及附在寺院主殿上的各種附屬用房。

　　西藏地區的建築大都為土（石）木混合結構：寺殿內部為木結構，以柏木為佳，普遍使用的是白楊木；外牆因地制宜，多種多樣，拉薩地區者通常為土石砌築，其他藏區也有石牆、夯土牆等。石牆之上多以砂漿覆蓋，其上部以土坯磚砌築。屋頂一般以黏土、石灰等材料混成「阿嘎土」鋪設，並反覆捶打夯實，使之具備一定的防水功能（在拉薩常會看到寺殿屋頂上，有男女集體唱歌跳舞，這就是西藏獨特的「打阿嘎」。勞動者邊唱歌邊以一致的舞步歡樂地跳舞踏地，同時手拿棍子隨節奏重複捶打屋頂地面，使之結實、平滑）。

　　寺院建築群通常粉刷以不同顏色以示區別。大殿、僧舍一般塗成白色；供奉某些特殊本尊或護法的殿堂，或者歷代達賴喇嘛等重要高僧居住過的建築則塗成橙黃色。薩迦派寺院還有著不同於其他教派的傳統，他們把外牆粉刷為紅、白、藍三色條紋，以代表文殊、觀音、金剛手三大祜主。

　　在寺院主體建築的外牆上部，能見到寬窄不一的深紅色條紋（「班貝」）。這種條紋以一種矮灌木染色、堆砌而成，以灌木橫切面作為裝飾，並表明建築物的屬性和地位。在古代，這種紅色條紋的寬度與建築物的地位、等

▌西藏寺院大殿外牆的紅灌木條紋

級成正比。今天已經沒有人嚴格遵守這種規定，甚至許多酒店、餐廳也被漆上類似的紅色條紋。

　　在寺廟主殿的平屋頂上，往往還以木構架搭建金頂，覆蓋以鎏金銅瓦，富麗堂皇。屋頂一般裝飾有雙鹿、法輪、寶幢等吉祥標誌。

　　佛殿內部一般以圓形、方形、小八角形、多折角形木柱或束柱支撐，柱間距約為兩公尺（西藏傳統上以柱數度量殿堂的面積），一般柱頭有櫨斗，上有一層或兩層托木，托木上面是橫樑，裝飾有精美的雕刻或彩繪（「貝瑪卻珠」）。柱礎一般隱藏於地板下。廳堂中央一般為較高的大柱，用以支撐突出屋面的天窗。殿堂內壁通常經過細緻打磨，覆以石灰，並用天然礦物顏料繪製精美的壁畫。

　　主殿大廳是集會、聽法、集體念誦的地方。大廳深處中央是佛壇，法會時寺僧分別於兩側柱間的位置就坐，方丈或具轉世者名位者等重要僧侶有自己專屬的法座。朝聖者一般先在大廳頂禮，然後依次進入各配殿進行朝拜和供養。

🏵 佛塔

佛塔也稱「浮屠」，藏語中稱為「措滇」。在佛經中有云：本師釋迦牟尼親自向阿難尊者教示造塔的方法及規格，並以袈裟疊為四層正方，上置覆缽及錫杖以示。在「大藏經」中，有許多關於造塔規格及意義、造塔功德及繞塔功德的經論。藏

▌西藏寺院大殿頂上的飾物

■ 佛塔

傳、南傳、古印度及日本的佛塔，大致都依佛示規格、比例、表義建造佛塔，以代表佛身，也表佛之三身、三界及五大（地、水、火、風、空五大元素）。在佛塔中的瓶身部份，安奉聖者舍利、經書及各種吉祥物品，以令繞塔及頂禮者積集功德。

佛經中云：造塔、繞塔、頂禮佛塔甚至只是見到佛塔或被其影子觸及身體的眾生，都能得十八種很大的利益。佛經中有一則記載：一隻蒼蠅為追逐糞便的臭味，無意中飛行繞了佛塔一周，因為這無心中造下的繞塔善行，牠在後來生中轉生人間，更成為佛陀的弟子！

大明六字眞言、瑪尼石、轉經輪

大明六字真言的讀音為「嗡瑪尼貝咪吽」，是觀音大士的名號。「瑪尼」解作如意寶珠，指觀世音大士之悲心，令所有願求都能如意得成；「貝咪」意為蓮花，指觀世音大士如蓮花般清淨不染與其清淨智。持誦觀音六字真言，由於觀音之願力和加持，能減除六道輪迴眾生之痛苦，對個人乃至所有生命都帶來無盡之廣大利益。

在西藏，不同形式、裝有大明六字真言咒字的轉經輪可說是無處不在。在寺院四周，會見到成排的經輪及正在繞行轉經的信眾。在村落中，大多有村民共用的大經輪，可供多人同時轉動。在藏人家中，會見到屋頂上有以風力推動的經輪；在廚房中又會有以熱力推動的經輪。在小河川及溪澗，又能見到以水力推動的經輪。但最普遍的經輪，或許便是在藏地大小街道上都有人手持的手轉型小經輪。手轉式的經輪，多為木或金屬製的容器，裡面裝有密密麻麻地

印上大明六字真言的卷狀經頁。較常見的手轉輪是下面配有木棒的一種，用者手持木棒，只以極微的力度便可令配上了鉛塊的經輪轉動不息。轉經輪的傳承源出佛經，其依據見於「摩尼全集」等經典中。

　　在西藏，以佛法經咒利益眾生及附近環境的習俗，不單反映在戶外轉經輪上。在任何藏區的路邊、山頂或險地，都能看到藏人放置刻有大明六字真言的瑪尼石堆。這種習俗，同樣也反映著把佛法套用在所有生活層面來利益眾生的崇高心態。

▌瑪尼石

▌手動轉經輪　　　　　　　　　▌轉經輪

哈達

與西藏文化稍有接觸的人，多見過一種稱為「哈達」的白色絲質或仿絲製成的條幅布帶。哈達與西藏佛教及西藏文化是有極其密切關係的一種物品。

　　在藏傳佛教中，哈達有多種用途。在謁見高僧或師長時，弟子會尊敬地呈

上一條哈達以示敬意。參訪寺院時，信眾會把哈達拋於佛像前或掛於佛像身上以示敬意。

在社交層面上，哈達同時亦是一種禮貌性的禮品。在與友人見面或送別時，藏人會互呈哈達，掛於對方頸上或交於手上以示友好。在送禮的時候，藏人也會附上一條哈達。

天馬旗

到過藏區或看過有關西藏風土人情圖片的人，多會對西藏地域常見的經幡留下極為深刻的印象。這些色彩繽紛、隨風飄揚的布幡，在任何西藏的民宅樓頂、寺院附近、山頂、聖地、險處、河川等地方都會見到。在新年時，藏人會在家宅屋頂換上新的幡取替已褪色的舊幡。在雲遊朝聖的流浪香客行至聖地或險處時，也會掛上一些同樣的經幡。

這種幡的正式名稱是「風馬」，多以粗布料用木刻印版塗墨印製，上有各種經咒、吉祥語句、各種吉祥徵號、佛菩薩形相等，而且大多印有一匹背負寶物的駿馬。這匹駿馬便叫做「風馬」，牠背負的是一組三件的寶飾。這類經幡有橫掛在繩上成一串旗的形式，也有數張豎掛在木棒上的形式，大至長數公尺的，小至巴掌丁方的都有，通常是黃、綠、紅、藍及白五色為一組。

天馬旗表義的是無畏的信心，其背負的寶飾表佛、法、僧三寶。經幡的五種色彩代表五佛、五大元素，也代表了五佛智、五蘊。

掛置經幡有多種意義。隨風飄揚的經幡上面所印的經咒，以佛陀的加持淨化附近的環境及眾生。在見到這些色彩繽紛的經幡旗海時，人們也會被提醒憶記三寶。在較世俗的層面上，掛置經幡者可積集福樂、長壽、健康及無障的緣起。

▋ 天馬旗

 唐卡藝術

唐卡類似於漢族地區的卷軸畫,大概興起於松贊干布時期,多畫於布或紙上,然後用綢緞縫製裝裱,上端橫軸有細繩便於懸掛,下軸兩端飾有精美軸頭,畫面上覆有薄絲絹及雙條綵帶。涉及佛教的唐卡畫成裝裱後,一般還要請喇嘛迎請勝住(即所謂的「開光」)。唐卡分為兩大類,一類用絲絹製成,另一種用顏料繪製;後者的繪製過程複雜,顏料全為天然礦、植物原料,色澤艷麗,經久不退。

八吉祥

不論在西藏文化或藏傳佛教中,只要略加注意,便不難觀察到有一組八種的吉祥物幾乎無處不在。不論在唐卡佛畫中、織錦布圖案上、寺院地上圖案、佛壇雕刻裡甚至家居飾物中,都會見到這一組八個的吉祥物同時或單獨出現。然而,這八種吉祥物並非西藏文化中的產品,其出處可追溯自佛陀時代甚至佛陀化生前的印度文化。在漢地文化中,偶爾也會在木雕(尤其是佛壇供桌的雕刻)及織錦布料圖案中發現這八種吉祥物單獨或同時出現。

八吉祥物分別為蓮花、無盡結、雙魚、華蓋、幢、輪、寶瓶、海螺,它們各自有其佛教表義、吉祥表徵及淵源。「蓮花」生於污泥中而不染泥,被視為出離心及清淨的代表。「無盡結」重覆交疊,無起端,無終結,既表義佛陀的無限悲心及智慧,也表義緣起因果無始無終。「雙魚」有多種表義。在古印度文化中,牠們代表恆河及也滿拿河,也間接表義人體中的左右二脈。在佛教中,雙魚代表和諧團結、快樂及富足豐裕。「華蓋」代表權位、保護,亦代表宗教

權威。在佛法表義上，華蓋象徵免於痛苦、慾望、障礙、病患及惡緣，也表義佛法之令眾生清涼。「幢」表義佛法能降煩惱魔及死主等四魔，也表義佛法弘揚四方。「法輪」是南傳、漢傳、藏傳佛教最共通的象徵物，它表義了佛法；輪心表義戒學，軸表義慧學，外圈表義定學。「寶瓶」表義源源不盡的財富。「海螺」是各部派佛教(乃至印度教)共通的象徵物，表義佛法的弘揚流布。

生死之輪

在 西藏寺院的門外，常會看到一種為「生死之輪」或稱「五趣解脫圖」的
壁畫，圖中有一猛獸掌持大圓輪，形像及色彩生動鮮明。

　　生死之輪並非西藏文化的產品，而是佛陀親自製定的一種表像化佛法教
育工具，出自「有部毗奈耶」等佛經。這個圖表達了三毒、六道輪迴、十二因緣
及四聖諦等教法。最中央的三種動物分別是鴿、蛇和豬，他們表義貪(鴿是畜
牲中性交頻度最密的，故以此作為貪慾的表徵)、瞋(蛇是瞋恨心的象徵)、癡
(豬是愚癡的象徵)此三毒。蛇及鴿由豬的口所出，表義瞋、貪皆由癡所產生。
在中央第二圈中，左白半圈代表善業引生於人、阿修羅或天界轉生，圖中可見
此三種轉生之圖示，三者頭部都向上，表義此為三善道；右黑半圈中是指惡業
引致墮入三惡道，圖中的畜生、餓鬼及地獄道生命都是形如下墮的姿勢。在
再對外一圈，分為六界別，畫有六道輪迴中的各別苦況。在最外的一圍有十二
個小圖，分別表義十二因緣流轉。整個圓輪由死主手持及口咬，表義眾生因為
貪、瞋、癡三毒，而造作善業或惡業，因此在六道中受生，又因十二因緣之流
轉，循環不息，生生死死，被困於輪迴中，不得出脫，永在無常死主掌握之內。
這部份同時亦包含了苦諦及集諦的教義在內。圖上方有一尊佛，表佛陀已超
出輪迴的掌握。祂手指向月亮，表義祂的開示是趨向滅諦的道諦。

天葬

談 及西藏，漢人與白人總喜歡追問天葬這種習俗的種種，有些更覺得這種
葬禮原始、迷信及變態。其實天葬與我們想像中的情況大有出入。一般
白人及漢人對天葬的介紹，只是想當然的臆測，把西藏抹上了一層愚昧迷信的
色彩。

　　在天葬儀式中，先由天葬師以各種工具肢解屍首。天葬師或宗教人士誦經後，

便會引來天上的大鷹。大鷹通常並不馬上降落,只會在上空盤旋觀察,先由族群領袖降落視察安全,同類才降下飽餐。轉眼間,天葬台上的屍首便被鷹類食盡。

　　天葬儀式中雖然有僧人誦經及某些宗教儀式,但其本身並非藏傳佛教傳統,而是西藏文化習俗。在西藏,冰天雪地中要進行土葬並不輕易,進行火葬所需用的大量木材亦非百姓所能負擔。況且,由於對佛法的信仰,西藏人對生死之事比其他民族看得淡。在當地的地理及天氣環境中,天葬是最適合普通老百姓的處理屍首的方法,只有在高僧等圓寂時才會進行較花費的火葬或塔葬。我們可以說,西藏的天葬與藏傳佛教並無太直接的關係,也並非一種宗教需要,反而只是一種因當地獨特環境相應產生的習俗。天葬看似恐怖及不文明,這其實只源於對死亡的恐懼及對肉身的執戀。西藏人認為,反正人死後肉身便只是廢物,倒不如用以餵鷹更為乾脆,同時也能積累人生最後一次佈施的功德。如果換一個開明的態度看,西藏人對生死之事的看法不但不落後原始,甚至可說是比漢人及洋人更為瀟灑進步。

　　近年來,政府嚴禁遊客觀看天葬,這是一種極為英明的決策。試問,如果漢人的家中舉行喪事,家屬的屍首裸陣於地,會歡迎一團一團前來觀光、閃光燈閃個不停的旅行團參觀嗎?

忿怒尊與法器

佛教中面目表情似乎很兇惡的造像,稱為「忿怒相」,分為兩種性質完全不同的類別。第一種為本尊,祂們是佛陀的化現,例如大威德金剛是文殊大士之化相、馬頭明王是觀音大士之忿怒化相等;第二種是護持三寶及行者的護法。祂們示現忿相,表義降伏煩惱及障礙,其體性卻是諸佛之悲心,與世俗的瞋恨心毫無關聯。

　　在原始佛教中,佛陀便已開示過多種頭陀行修持,其中包括塚間坐,便是

教導苦行者在墳場修持。此外，佛陀亦教示弟子應在浴室繪畫骷髏圖像，以提醒生死無常，策勵行者珍惜生命、精進修行。藏傳佛教繼承了這種佛教傳統，所以常會見有關骷髏、屍林等之圖像，也採用以人骨製成之法器，如念珠、手鼓等。這些圖像及法器，是為了提醒行者痛念生死無常，策勵他們不要虛度時光。人骨法器並不由殺害人命取得，一般必須是死者生前發願死後捐予造法器用途的情況下才可採用，很多時候還會選擇性地採用高僧或修行人的遺骨。

蓮花生大師

蓮花生大師是公元8世紀的印度大德，後入西藏弘揚佛法，成為把佛教引進西藏的第一人、整個藏傳佛教的始祖。蓮花生大師邀請了印度高僧靜命大師（705-762）入藏，並在當時的藏王赤松德贊支持下，建立了西藏第一座三寶俱全的寺院——桑耶寺。

蓮花生大師有許多不同的形像，包括被合稱為「蓮師八變」的八種化身等。在西藏繪畫藝術裡，常把蓮花生大師、靜命大師、藏王赤松德贊同畫在一起，呈品字形佈局排列，蓮花生大師居中位，其右下方位為靜命大師，左下方為赤松德贊，合稱「師君三尊」。

阿底峽大師

阿底峽大師（982-1054）原為孟加拉太子，後出家，先後隨一百多位當時的大師修學，甚至遠渡重洋到印尼蘇門答臘求法，成為印度當時最高長老之一。後來，大師應西藏的古格王之求，冒著生命危險進入西藏傳法，把當時已衰落的佛教重新振興，著成「菩提道燈論」，並與其西藏弟子仲敦巴（1004-1064）、雷貝喜饒等，發展出對藏傳佛教影響深遠的噶登派教法。在後世，噶登派教法雖已衰落，但卻被15世紀成立的格魯派所吸收、繼承。

　　阿底峽大師與仲敦巴、雷貝喜饒師徒三人的組合，常見於西藏寺院的壁畫中，阿底峽局中央位置，身穿袈裟，頭戴紅色智者冠，雙手當胸結說法印；其下方右邊是作居士裝束的仲敦巴，左邊是穿袈裟的雷貝喜饒。

🏵 宗喀巴大師

宗喀巴大師 (1357-1419) 原名「洛桑扎巴」，乃青海湟中縣人，自幼學習各派顯密佛法，經博學、苦修多年，遂成為以戒律清嚴著稱的一代高僧，並建立甘丹寺，形成了格魯派教法。由於格魯派注重經論學習，所建立的色拉、甘丹、哲蚌三大寺及上、下兩座密學院，成為藏傳佛教的最高權威學府。

在佛教藝術中，宗喀巴大師的形像通常為跏趺而坐，頭戴黃色智者冠，身穿袈裟，雙手作說法印而各拈一花，花上分別托著智慧劍和經函。宗喀巴大師通常與其兩位主要弟子克主傑、賈曹傑並列，或於繪畫中以品字形佈局排列，合稱「師徒三尊」。

松贊干布

松贊干布（605-650）是吐蕃第三十三代領袖。在十三歲即位後，他陸續平息各地的叛亂，統一各部，並定都拉薩，完成了西藏的統一。之後，松贊干布致力於政權建設，建立了完備的政治和軍事機構。同時，還制定法律、稅制、文字，任用賢明的大臣，採取許多措施鼓勵百姓學習和運用先進生產技術，發展農牧業生產，使西藏的社會經濟和人民生活迅速呈現中興之勢。

松贊干布先後共有五位妃子，其中最著名者為唐文成公主及尼泊爾赤尊公主。他為這五位妻子，分別建立了佛教寺院，其中包括大昭寺、小昭寺等。

在後世，松贊干布與赤松德贊（742-797）、赤熱巴巾（806-841），被廣大民眾並列為西藏最偉大的三位法王。

🪷 釋迦牟尼

兩千五百多年前印度的釋迦牟尼，是佛教的創始者，本為印度悉達多太子，後經出家、修行、悟道而成就無上佛境，證得圓滿的慈悲和智慧。

釋迦牟尼的形像有多種，最常見的是身穿僧人的三衣、盤腿跏趺而坐，但也有站立相和頭戴寶冠的報身相（如大昭寺等身佛）等等。

在釋迦牟尼於人間示現的年代，曾有弟子依照悉達多太子不同年紀的身相比例而鑄造了三尊等身像，分別為其八歲、十二歲、二十五歲等身像，並由釋迦牟尼親自開光。這三尊幾經流傳，八歲像現在被供奉於拉薩小昭寺，十二歲像被供奉於拉薩大昭寺，二十五歲像則供奉於印度菩提迦耶大覺塔之中。

阿彌陀佛

阿彌陀佛在藏語中稱為「沃巴美」，是「無量光」的意思。佛教對阿彌陀佛的信仰，出自「佛說阿彌陀經」、「無量壽經」等。彌陀是西方極樂淨土之主，在西藏及漢地廣為尊崇，故有「家家阿彌陀，戶戶觀世音」之說。

在藏傳佛教中，阿彌陀佛的形像一般為化身相，身穿僧人的三衣、身體紅色，盤腿跏趺而坐，雙手放在腿上而捧缽。祂的報身相被稱為「無量壽佛」，於藏傳佛教中有著獨立的地位。

🌸 無量壽佛

無量壽佛在藏語中稱為「策巴美」，祂是阿彌陀佛的報身相，也是祈求長壽的本尊。祂的身體紅色，頭戴寶冠，身穿天衣，佩戴各種珍寶飾物，盤腿跏趺而坐，雙手放在腿上而捧著一個長壽甘露瓶。

在藏傳佛教中，無量壽佛常常和同樣為延壽本尊的白度母、尊勝母被歸為一組三尊並列，或在唐卡、壁畫中呈品字形佈局排列，稱為「長壽三尊」。

藥師佛

藥師佛在藏語中稱為「曼拉」，祂是東方琉璃淨土之主，也是祈求健康的本尊。在佛經中，有不少對藥師佛的介紹，如「藥師如來本願經」、「藥師琉璃光七佛本願功德經」等。

藏傳佛教中的藥師佛形像，多為身體藍色，身披僧人三衣、盤腿跏趺而坐，右手垂下而拈藥草，左手放在腿上而捧無死甘露缽。在唐卡和壁畫裡，常見藥師七佛的組合，即藥師佛和另外六尊出自「藥師琉璃光七佛本願功德經」描述的相關佛陀。有時候，這個組合也會加上釋迦牟尼佛，而合稱「藥師八如來」。

彌勒佛

彌勒佛是身處兜率淨土,當來人間示現成佛之相的未來佛,在藏語中稱為「強巴」或「香巴」,在藏傳佛教中很受重視。

在漢傳佛教中,彌勒一般以一位胖和尚的形像出現。西藏常見的彌勒像,一般呈坐姿,頭戴寶冠,身穿天衣,佩戴種種莊嚴寶飾,雙手置胸前作說法手印。在唐卡、壁畫及佛像藝術中,常把迦葉佛、釋迦牟尼佛、彌勒佛並列排放,代表了過去、現在和未來佛,合稱「三世佛」。

度母

度母在藏語中稱為「卓瑪」，祂是觀音由於看到眾生的苦難，出於悲心而流出的眼淚所化生的。祂是三世十方一切諸佛出於慈悲的利生事業的總匯化身，幫助苦難的眾生，救苦救難，有求必應。在西藏，每在有危難的時候，人們都會在第一時間向度母求救。

度母雖為觀音的化身，可是祂自己也有無數的化身。最常見的度母，是綠色身相的原始形像、延壽本尊白度母、救八種難的八度母、二十一度母等。

▋ 綠度母

▋ 白度母

▋ 救八難度母

▋ 二十一度母

🍀 三祜主

三祜主即文殊、觀音、金剛手三位大士。在某些漢譯中，三祜主也被稱為「三部主」、「智仁勇三尊」等。祂們均被列入八大菩薩的組合之中。

文殊大士代表了三世十方一切諸佛的大智慧。祂有多種化相，比較常見的是橙色身體、一面二臂，手執智慧劍和托著經書的蓮花之相，和「五文殊」之化身相。

觀音大士代表了三世十方一切諸佛的大悲，也有多種化相，如千手觀音、四臂觀音、獅吼觀音、度母等，亦有瑪哈噶拉、馬頭明王等無數忿怒化身。

金剛手在漢傳佛教裡多稱為「大勢至菩薩」，祂代表了三世十方一切諸佛的大力量，其寂靜相為一面二臂藍身的菩薩形像，但更常見的是其烈火圍繞、藍身、手持金剛杵的忿怒相。

▌三祜主

八大菩薩

八大菩薩是佛經及西藏的唐卡、壁畫、造像藝術裡常見出現的組合。祂們分別是文殊、觀音、金剛手、地藏、彌勒、普賢、虛空藏和除蓋障大士，其中前三者被合稱為「三怙主」。根據佛經開示，這八位大士其實早已成佛，但為了利益眾生，祂們常以菩薩的形像化現。

1	2
3	4
5	6
7	8

1. 虛空藏菩薩
2. 觀世音菩薩
3. 彌勒菩薩
4. 金剛手菩薩
5. 除蓋障菩薩
6. 文殊菩薩
7. 普賢菩薩
8. 地藏菩薩

大威德金剛

大威德金剛是文殊大士
的忿怒相化身，是格
魯派的主要本尊之一，常見
的形像是九首、三十四手、
十六足，其主要的面現為兇
猛的牛頭之相。

瑪哈噶拉

瑪哈噶拉是佛教中極為重要的一尊護法，祂是一切男相護法之首。祂的名字是梵文的音譯，也可意譯為「大黑天」，但在西藏，一般稱祂為「祜主」。

這一尊直接出自佛經依據的護法，是觀音大士為了降伏眾生的障礙而變化出的忿怒相化身，故此在藏傳佛教中很受重視，甚至在日本，大黑天也是廣大老百姓所尊崇、信仰的保護神。

瑪哈噶拉有很多種不同的形像，比較常見的為其黑身六臂相。

🏵 閻摩法王

閻摩法王是掌管因果
法則的護法，祂是文
殊大士的化身。西藏的格魯
派特別尊崇閻摩法王，把祂
尊為宗喀巴大師教法的不
共護法。

　　閻摩法王有外相、內
相、密相等多種形像，較常
見的是牛頭、一面二臂、周
圍烈火環繞的藍色身相。

吉祥天母

吉祥天母藏語稱「班達拉姆」，是女相護法之首、拉薩和格魯派的護法。吉祥天母有許多不同的形像，包括了忿怒相和寂靜相，其中最常見的忿怒形像是一面二臂，面容顯露忿怒之相，側身坐在一頭騾子身上，騾子的屁股上有一隻眼睛。祂騎著騾子飛行於天上、地上、地下三界保衛佛教，所以又有「三界總主」之稱。

🌸 四大天王

四大天王，也稱「四大
金剛」，是佛教中四
位護法天神的合稱。祂們分
別是東方持國天王、南方增
長天王、西方廣目天王和北
方多聞天王。

四大天王的形像，在
漢、藏佛教裡大同小異，均
為身穿古代將領盔甲之相。
在漢地寺院中，四大天王多
以立體造像形式出現在寺院
門口小殿之中；而在西藏寺
院中，雖亦有立體造像，但
更常見的是以寺院大殿外牆
壁畫的形式表達。

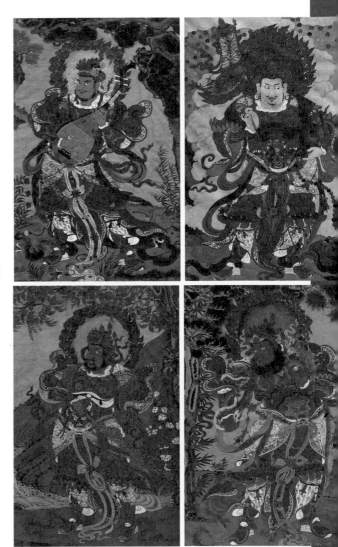

鳴謝

按出版界傳統，鳴謝詞通常放在前幾頁。可是，老覺得這很影響閱讀興致，一直懷疑這種排列的邏輯性，所以，放這裡好了：

感謝帶領作者走遍拉薩大街小巷的師長們、賜予推薦詞的長輩和朋友們。

感謝色拉寺阿旺堅贊、甘丹寺赤列丹增、哲蚌寺阿旺鞏慶、楚布寺丹巴江才、攀德達傑職業技術福利學校張莉所提供的當地協助，還有藏人文化網的曲世宇，和格魯修學社區的網友格勒洛桑、朗柏朵旦、馮雅軍、謝秋梅、本拉登、楊玫、胡葵、羅嘉明、洛桑多吉等朋友也給了各種資源上的幫助。

此外，部份照片（很明顯是漂亮的那些）來自陳國瀚、蔣怡李、虞顏等。

最後，在此感謝笛藤出版圖書有限公司協助出版這本書。

寺院名錄（漢、藏對照）

1. 大昭寺　　　ཇོ་ཁང་གཙུག་ལག་ཁང་།
2. 小昭寺　　　རྒྱ་ར་མོ་ཆེ།
3. 長壽寺　　　ཚེ་དཔག་ལྷ་ཁང་།
4. 策墨林　　　ཚེ་སྨོན་གླིང་།
5. 錫德扎倉　　　བཞི་སྡེ་གྲ་ཚང་།
6. 北方三怙主殿　　　བྱང་རིགས་གསུམ་མགོན་པོ་ལྷ་ཁང་།
7. 下密院　　　རྒྱུད་སྨད་གྲྭ་ཚང་།
8. 木如新寺　　　མེ་རུ་གྲྭ་ཚང་།
9. 八廓大經輪　　　བར་སྐོར་མ་ཎི་ལྷ་ཁང་།
10. 八廓彌勒殿　　　བར་སྐོར་བྱམས་པ་ལྷ་ཁང་།
11. 財尊殿　　　ཨེ་རུ་ཉིང་བའི་རྫས་ལྷ་ལྷ་ཁང་།
12. 貢嘎曲德殿　　　ཨེ་རུ་ཉིང་བའི་ས་སྐྱ་ལྷ་ཁང་།
13. 木如舊寺　　　མེ་རུ་ཉིང་པ།
14. 達布林贊康廟　　　དར་པོ་གླིང་བཙན་ཁང་།
15. 噶瑪夏贊康廟　　　ཀརྨ་ཤག་བཙན་ཁང་།
16. 甘丹柱　　　（བར་སྐོར་ཤར་དུ་）དགའ་ལྡན་དར་ཆེན།
17. 南方三怙主殿　　　ལྷོ་རིགས་གསུམ་མགོན་པོ་ལྷ་ཁང་།
18. 饒賽贊康廟　　　རབ་གསལ་བཙན་ཁང་།
19. 蒼空尼院　　　ཨ་ཎི་མཚམས་ཁུང་།
20. 拉薩薩迦寺　　　ས་སྐྱ་དགོན་པ།
21. 西方三怙主殿　　　ནུབ་རིགས་གསུམ་མགོན་པོ་ལྷ་ཁང་།
22. 丹吉林　　　བསྟན་རྒྱས་གླིང་།
23. 布達拉宮　　　ཙེ་པོ་བྲང་པོ་ཏ་ལ།
24. 龍王潭　　　ཀླུ་ཁང་།

25. 魯普岩寺　　　　　བྲག་ལྷ་ཀླུ་ཕུག

26. 唐東傑布廟　　　　ཐང་སྟོང་རྒྱལ་པོའི་ལྷ་ཁང་

27. 藥王山千佛崖　　　ལྕགས་པོ་རི།

28. 功德林　　　　　　ཀུན་བདེ་གླིང་

29. 關帝廟　　　　　　གེ་སར་ལྷ་ཁང་

30. 羅布林卡　　　　　ནོར་བུ་གླིང་ཀ

31. 扎基寺　　　　　　ཞེ་རའི་གྲུ་ཁྱེ་དགོན་པ

32. 色拉寺　　　　　　སེ་ར་ཐེག་ཆེན་གླིང་

33. 曲桑尼院　　　　　ཆུ་བཟང་དགོན་པ

34. 帕崩喀寺　　　　　ཕ་བོང་ཁ་དགོན་པ

35. 吉祥法林　　　　　བཀྲ་ཤིས་ཆོས་གླིང་

36. 格日尼院　　　　　གར་དགོན་བསམ་གཏན་གླིང་

37. 哲蚌寺　　　　　　དཔལ་ལྡན་འབྲས་སྤུངས་

38. 乃瓊寺　　　　　　གནས་ཆུང་ལྕ་ཁང་（འབྲས་སྤུངས）

39. 甘丹寺　　　　　　དགའ་ལྡན་རྣམ་རྒྱལ་གླིང་

40. 桑阿寺　　　　　　གསང་སྔགས་དགོན་པ

41. 策覺林　　　　　　ཚེ་ཚོགས་གླིང་

42. 扎耶巴洞窟群　　　བྲག་ཡེར་པ

43. 度母寺　　　　　　སྒྲོལ་མ་ལྷ་ཁང་

44. 聶唐大佛　　　　　མཉེས་ཐང་སྐུ་ཆེན་པོ།

45. 謝珠林　　　　　　བཤད་སྒྲུབ་གླིང་

46. 熱振寺　　　　　　ར་སྒྲེང་དགོན་པ

47. 達隆寺　　　　　　སྟག་ལུང་དགོན་པ

48. 楚布寺　　　　　　མཚུར་ཕུ་དགོན་པ

Memo

Memo

國家圖書館出版品預行編目(CIP)資料

一步一如來 朝聖拉薩 / 林聰 著；
-- 初版.--臺北市 ： 笛藤，2011.10
面 ； 公分
ISBN 978-957-710-555-4（平裝）
1. 遊記 2.聖地 3.朝聖 4.西藏
676.669　　　　　　　　　99011731

一步一如來　朝聖拉薩

定價380元

2011年10月24日 初版第1刷

著　　者：林聰

封面·內頁排版：果實文化設計有限公司

總 編 輯：賴巧凌

發 行 所：笛藤出版圖書有限公司

地　　址：台北市民生東路二段147巷5弄13號

電　　話：(02) 2503-7628 · (02) 2505-7457

傳　　真：(02) 2502-2090

總 經 銷：聯合發行股份有限公司

地　　址：新北市新店區寶橋路235巷6弄6號2樓

電　　話：(02) 2917-8022 · (02) 2917-8042

製 版 廠：造極彩色印刷製版股份有限公司

地　　址：新北市中和區中山路2段340巷36號

電　　話：(02) 2240-0333 · (02) 2248-3904

訂書郵撥帳戶：笛藤出版圖書有限公司

訂書郵撥帳號：0576089-8

ཀྱི་སྐོར་ལམ་ཡ་ཤ་ཕྱག 一步一如來

མཚུར་ཕུ་དགོན་པ
楚布寺

འབྲས་སྤུངས་དགོན་པ
哲蚌寺

སྟག་ལུང་དགོན་པ
達隆寺

གནས་ཆུང་དགོན་པ
乃瓊寺

རྩེ་པོ་ཏ་ལ་དགོན་པ
布達拉宮

ཀླུ་ཁང
龍王潭

ཀཱན་ཏི
關帝廟

ཀུན་བདེ་གླིང
功德林

ནོར་བུ་གླིང་ཁ
羅布林卡

ཐང་སྟོང་རྒྱལ་པོ
ལྷ་ཁང
唐東杰布廟

ཀླུ་ཕུག་དགོན་པ
魯普岩寺

སྐུ་བརྒྱ་རི
千佛崖

ཕྱི་འཁོར
外轉經路

གྲུབ་སྦྱོར་གླིང
謝珠林

ཉིས་ཐང་ཇོ་བོ
聶塘大佛

སྒྲོལ་མ་ལྷ་ཁང
度母寺

ཚལ་གུང་ཐང
策覺林

格日尼院 帕崩喀寺 吉祥法林

ༀ་ཨ་ཛ 小昭寺 扎耶巴

ཕཔ་ར་ཡིས ཅ་བང་ཅ་ཉི་ས曲桑尼院

寿寺 北三怙主 ཕདག 色拉寺

下密院

策墨林 མ་ར་ས་ར 木如新寺

惠扎倉 扎基寺

北

西 東

南

ཆ་མ 達布林贊康

ལ་ར 木如舊寺

大經輪

彌勒殿 ཅ་མ

貢嘎曲德殿 噶瑪廈贊康

大昭寺 財尊殿 甘丹柱

西三怙主

薩迦寺 饒賽贊康

南三怙主 蒼空尼院

甘丹寺

桑阿寺